미국의 산업

세계 경제를 주무르는

원동력은 어디에서 오는가

미국 ⑪
세계통찰

★ 세계의 중심이 된 미국 5 ★

미국의 산업

세계 경제를 주무르는
원동력은 어디에서 오는가

한솔교육연구모임 지음

솔과나무

1장

전 산업에 혁신을 몰고 온

정보 통신 기술 산업의 발달　　• 021

첨단 기술 혁신을 주도하는 실리콘밸리의 시작 | 혁신과 창조, 실리콘밸리의 성공 방식 | 창고 창업 성공 신화의 표본이 된 유튜브 | 세상 모든 PC를 장악한 독점 기업 마이크로소프트 | 독점 지위를 이용해 마이크로소프트가 저지른 횡포 | 야후의 성공 신화 | 이유가 있는 야후의 몰락 | 차고에서 출발해 우주까지 도전하는 구글의 시작 | 세계 최대 기업이 된 구글 | 인간의 뇌와 같은 능력을 갖춘 인공 지능의 시대가 열리다 | 신개념 인공 지능 알파고의 도전 | 구글의 안드로이드, 가장 인기 있는 모바일 운영 체제의 탄생 | 실리콘밸리 창업의 원조, 애플의 CEO 스티브 잡스 | 혁신의 달인 애플, 재기에 성공하다 | 세상을 바꾼 혁신의 아이콘, 아이폰 | 정보 기술 산업 발전의 부작용: 개인 정보 유출

6장

각종 첨단 기술이 결합된 고부가 가치 산업,
우주 산업

로켓의 개발로 우주 시대가 열리다 | 인류의 위대한 도전, 유인 달 탐사를 위한 아폴로 프로젝트 | 인류 최초로 달에 착륙하기 위한 세 명의 우주 비행사 선발 | 달로 떠난 사람들 | 재사용이 가능한 우주 왕복선의 시대 | 발사 73초 만에 폭발한 챌린저 | 일론 머스크, 우주 정복을 위한 도전 | 화성 정복의 꿈 | 테라포밍, 화성 바꾸기 프로젝트 | 영화 〈마션〉으로 대중의 지지를 얻은 NASA의 화성 정복 계획 | 인간을 화성으로! 오리온 프로젝트 | 우주 강대국의 자리를 넘보는 중국의 우주 굴기 | 미국 우주 산업의 미래

왜 미국을
읽어야 할까요?

　〈세계통찰〉 시리즈는 다양한 독자에게 세계를 통찰하는 지식과 교양을 전해 주고자 합니다. 미국을 시작으로 중국, 일본, 중남미, 유럽, 아시아, 아프리카 등 오대양 육대주의 주요 국가들에 관한 정치, 경제, 역사, 문화 등 다양한 정보를 제공하여 세상이 움직이는 원리를 독자 스스로 알게끔 하고자 합니다.

　지구상에 있는 국가들은 별개가 아니라 서로 연결된 유기체입니다. 여러 나라 가운데 〈세계통찰〉 시리즈에서 미국 편 전 16권을 먼저 출간하는 이유는 유기적인 세계에서 미국이 지닌 특별한 지위 때문입니다. 19세기까지 세계를 호령하던 대영제국의 패권을 이어받은 미국은 20세기 이후 오늘날까지 세계 유일의 초강대국으로 세계를 이끌고 있습니다. 또한 세계 최강의 경제력을 기반으로 자유 시장을 중시하는 자본주의 이념을 전 세계에 전파했습니다. 우리나라를 포함하여 많은 나라가 세계 최대 시장인 미국과 한 무역을 통해 가난을 딛고 경제 성장을 이룰 수 있었습니다. 애플이나 구글 같은 미국 기업이 새로운 산업을 일으키면서 미국은 물론, 전 세계에 수많은 일자리와 자본력을 제공했습니다.

이처럼 전 세계에 커다란 영향을 미치고 있는 미국이라는 나라를 알기 위해 '미국의 대통령'을 시작으로 한 '미국을 만든 사람들' 편을 소개합니다. 대통령제를 기반으로 한 미국식 민주주의는 전 세계로 전파되면서 수많은 국가에 영향을 미치고 있습니다. 제2차 세계대전 이후 독립한 국가 대부분이 대통령제를 선택하면서 대통령제는 미국을 넘어 많은 국가의 정치 체제로 자리 잡았습니다. 도전 정신과 혁신을 바탕으로 미국 경제를 세계 최강으로 만든 '기업인들' 역시 우리에게 많은 교훈을 줍니다. 세계인의 감성과 지성을 자극하고 있는 '예술인과 지식인'도 이야기의 대상입니다. '사회 문화' 편에서는 미국의 문화를 통해 미국만이 가진 특성을 살펴봅니다. 창의와 자유를 존중하는 사회 분위기는 할리우드 영화, 청바지, 콜라 등 미국만의 문화를 탄생시켰고 이는 전 세계로 확산되어 지구촌의 문화로 자리 잡았습니다. 이제 미국의 문화는 미국인만 누리는 것이 아니라 세계인이 공유하는 것이 되었습니다. '산업' 편에서는 정보 통신, 우주 항공, 에너지, 유통 등 미국의 주력 산업을 통해 오늘날 미국이 세계 경제를 주무르고 있는 비결과 미래에도 미국이 변함없이 강력한 영향력을 행사할 수 있는 이유에 대해 알아봅니다.

'전쟁' 편에서는 미국이 참전한 전쟁을 통해 전쟁이 미국은 물론 세계에 미친 영향에 대해 살펴봅니다. 미국은 전쟁으로 독립을 쟁취했을 뿐만 아니라 세계를 움직이는 새로운 질서를 만들어 냈습니다. 다시 말해 전쟁은 미국이 세계를 뜻대로 움직이는 도구였습니다.

이처럼 미국의 정치, 경제, 문화 등 각 분야는 20세기 이후 지구촌에 막대한 영향을 미치고 있기에 미국에 관한 지식이 없으면 세계를 제대로 이해할 수 없습니다. 미국을 제대로 알게 된다면 세상이 돌아가는 힘의 원리를 더 잘 알 수 있습니다. 〈세계통찰〉 시리즈 미국 편은 '미국을 만든 사람들' 전 6권, '세계의 중심이 된 미국(문화와 산업)' 전 6권, '전쟁으로 일어선 미국' 전 4권으로 이루어져 있습니다. 이렇게 총 16권의 인물, 사회·문화, 산업, 전쟁 등 주요 분야를 다루면서 단편적인 지식의 나열이 아니라 미국의 진면목, 나아가 세계의 흐름을 알 수 있도록 했습니다. 적지 않은 분량이지만 정치, 경제, 문화사에 남을 인물과 역사에 기록될 사건을 중심으로 다양한 예화와 사례를 들어 가면서 쉽고 재미있게 썼습니다. 처음부터 끝까지 차분히 읽다 보면 누구나 미국과 세계의 과거와 현재, 미래를 명확하게 들여다볼 수 있는 통찰력을 지닐 수 있습니다.

세계를 한눈에 꿰뚫어 보는 〈세계통찰〉 시리즈! 길고도 흥미진진한 이 여행에서 처음 만나게 될 나라는 미국입니다. 두근거리는 마음으로 함께 출발해 봅시다!

한솔(한솔교육연구모임 대표)

세상의 변화를 읽고 앞을 내다보는 힘

　미래학자 엘빈 토플러는 "한국 학생들은 하루 10시간 이상을 학교와 학원에서 자신들이 살아갈 미래에 필요하지 않을 지식을 배우고, 존재하지 않을 직업을 위해 아까운 시간을 허비하고 있다."라고 했습니다. 그렇다면 우리는 무엇을 배우고 생각해야 할까요? 수년 안에 지구촌은 큰 위기를 맞이할 가능성이 큽니다. 위기는 역사적으로 늘 존재했지만, 앞으로 닥칠 상황은 미국과 중국의 패권 전쟁의 상황에서 과거와는 차원이 다른 큰 변화가 일어날 것입니다. 2018년 기준 중국은 미국의 66% 수준의 경제력을 보입니다. 구매력 기준 GDP는 중국이 이미 2014년 1위에 올라섰습니다. 세계 최강의 지위를 위협받은 미국은 트럼프 집권 이후 중국에 무역 전쟁이란 이름으로 공격을 시작했습니다. 미국과 중국의 무역 전쟁은 단순히 무역 문제로만은 볼 수 없는 정치, 사회, 경제, 문화가 엮여 있는 총체적 전쟁입니다. 미국과 중국의 앞날을 예측하기 위해서는 경제 분야 외에 정치, 사회, 문화 등을 통합적으로 볼 수 있어야 합니다. 역사는 리듬에 따라 움직입니다. 현재와 비슷한 문제가 과거에 어떤 식으로 일어났는지를 알면 미래를 읽는 통찰력이 생깁니다. 지나온 역사를 통해 세상의 변화를 읽고 앞을 내다보는 힘을 길러야 합니다. 역사를 통해서 남이 보지 못하는 곳을 보고, 다른 사람과 다르게 생각하는 힘을 길러야 합니다.

〈세계통찰〉은 이러한 필요에 따라 세계 주요 국가의 역사, 경제, 사회, 문화 등 다양한 주제를 통해 세계를 이해하는 안목을 심어 주고자 쓰인 책입니다. 솔과나무 출판사는 오대양 육대주에 걸쳐 있는 중요한 나라를 대부분 다루자는 계획 아래 먼저 미국과 중국에 대한 책을 출간합니다. 이는 오늘날 미국과 중국이 정치, 경제, 문화 등 모든 분야를 선도하며 전 세계에 막대한 영향을 미치고 있는 초강대국이기 때문입니다. 〈세계통찰〉 시리즈는 미국과 중국 세계 양 강 대결의 상황에서 미·중 전쟁의 미래를 예측할 수 있는 훌륭한 나침반이 될 수 있습니다.

특히 미국은 정치, 경제, 문화 등 어느 분야로 보아도 세계인의 관심을 가장 많이 받는 나라입니다. 〈세계통찰〉 시리즈 '미국'은 정치, 경제, 사회, 문화 모든 분야에 걸쳐서 시간과 공간을 넘나들며 현재의 미국을 이해할 수 있게 만든 획기적인 시리즈입니다. 인물, 산업, 문화, 전쟁 등의 키워드로 살펴보면서 미국의 역사와 문화, 각국과의 상호 관계를 파악할 수 있는 지식과 읽을거리를 제공합니다. 인물과 사건을 중심으로 이야기를 이어가고 그 과정에서 우리가 오늘날 세상을 살아갈 때 활용할 수 있는 지혜를 담고 있습니다. 단순히 사실 나열에 그치지 않고, 왜 그렇게 되었는지, 그 뒤에는 어떻게 되었는지, 과정과 흐름 속에서 숨은 의미를 찾아냄으로써 유연하고 창의적인 생각을 할 수 있도록 자극합니다. 무엇보다 〈세계통찰〉 시리즈에는 많은 이들의 실패와 성공의 경험이 담겨 있습니다. 앞서 걸은 이들의 발자취를 통해서만 우리는 세상을 보는 통찰력을 키울 수 있다는 사실을 기억했으면 합니다. 미국을 자세히 들여다보면 지구촌 사람들의 모습을 다 알 수 있다고도 합니다. 세계를 이끌어가는 미국을 이해한다는 것은 단순히 한 나라를 아는 것이 아니라 세계를 이해하는 것이기 때문에 〈세계통찰〉 시리즈 미국 편을 통해 모두가 미국에 대해 입체적이고 통합적으로 살펴볼 수 있는 기회를 얻기 바랍니다.

곽석희(청운대학교 융합경영학부 교수)

〈세계통찰〉 시리즈에
부쳐

4차 산업 혁명 시대를 맞이하는 청소년에게 꼭 필요한 지혜

4차 산업 혁명 시대에는 나라 사이의 언어적, 지리적 장벽이 허물어집니다. 견고한 벽이 무너지는 대신 개인과 개인을 잇는 촘촘한 연결망이 더욱 진화합니다. 이제 우리는 다양한 문화 배경을 지닌 친구와 이전과는 완전히 다른 방법으로 우정을 나눌 수 있습니다. 낯선 언어는 더는 장애가 되지 않습니다. 스마트폰의 번역 프로그램을 이용하면 내가 한 말을 실시간으로 전달할 수 있고 상대방의 말뜻을 이해할 수도 있습니다. 또 초고속 무선 통신망을 이용해 교류하는 동안 지식이 풍부해져서 앞으로 내가 나아갈 길을 설계하는 데 큰 도움이 됩니다.

저는 오랫동안 현장에서 청소년을 만나며 교육의 방향성을 고민해 왔습니다. 초 단위로 변하는 세상을 바라보면 속도에 대한 가르침을 줘야 할 것 같고, 구글 등 인터넷상에 넘쳐 나는 정보를 보면 그것에 대한 양적인 교육이 필요할 것 같았습니다. 긴 고민 끝에 저는 시대가 변해도 퇴색하지 않는 보편적 가치와 철학을 청소년에게 심어 줘야겠다는 결론을 내렸습니다.

4차 산업 혁명 시대에는 인공 지능과 인간이 공존합니다. 최첨단 과학이 일상이 되는 세상에서 75억 지구인이 조화롭게 살아가려면 인간 중심의 교육이 필요합니다. 인문학적 지식과 소양을 통해 인간을 더욱 이해하고 이롭게 만드는 시각을 갖춰야 합니다. 〈세계통찰〉 시리즈는 미래를 이끌어 나갈 청소년을 위한 지식뿐 아니라 그 지식을 응용하여 삶에 적용하는 지혜까지 제공하는 지식 정보 교양서입니다.

청소년이 이 책을 반드시 접해야 하는 이유

첫째, 사고의 틀을 확대해 주는 책입니다.

〈세계통찰〉 시리즈는 정치, 경제, 사회, 문화, 무역, 외교, 전쟁, 인물에 이르기까지 하나의 국가가 국가로서 존재하고 영유하는 모든 것을 다루고 있습니다. 한 국가를 이야기할 때 경제나 사회의 영역을 충분히 이해했다 해도 '이 나라는 이런 나라다.' 하고 한마디로 정의하기는 어렵습니다. 인물이나 역사적 사건과 같은 눈에 보이는 사실과 이념, 사고, 철학과 같은 눈에 보이지 않는 특성까지 좀 더 유기적이고 종합적인 사고를 해야 한 나라를 이해하고 정의할 수 있습니다. 이 책을 통해 합리적이고 논리적으로 사고하는 습관을 자연스럽게

기를 수 있습니다.

둘째, 글로벌 리더를 위한 최적의 교양서입니다.

4차 산업 혁명 시대라 하더라도 모든 나라가 해체되는 것은 아닙니다. 세계화 속도가 점점 가속화되는 글로벌 시대에 꼭 필요한 소양은 역설적이게도 각 나라에 대한 수준 높은 정보입니다. 일반적으로 알려진 상식의 폭을 확대할 수 있어야 합니다. 미국과 중국의 무역 분쟁이나 우리나라와 일본의 갈등에서도 볼 수 있듯 세계 곳곳에는 국가 사이의 특수한 사정과 역사로 인해 각종 사건과 사고가 터져 나오고 있습니다. 한 국가의 성장과 번영은 자국의 힘과 노력만으로는 가능하지 않습니다. 가깝고 먼 나라와의 유기적인 관계 속에서 평화를 지키고 때로는 힘을 겨루면서 이루어집니다. 한편 G1, G2라 불리는 경제 대국, 유럽 연합EU이나 아세안ASEAN 같은 정부 단위 협력 기구 사이에 일어나는 상호 이해관계도 중요해지고 있습니다. 〈세계통찰〉 시리즈는 미국, 중국, 일본, 아세안, 유럽 연합, 중남미 등 지구촌 모든 대륙과 주요 국가를 공부하는 데 반드시 필요한 영역을 씨실과 날실로 엮어서 구성하고 있습니다.

마지막으로 〈세계통찰〉 시리즈는 글쓰기, 토론, 자기 주도 학습, 공동 학습에 최적화된 가이드 북입니다.

저는 30년 이상 교육 현장에 있으면서 토론, 그중에서도 대립 토론debating 수업을 강조해 왔습니다. 학생 스스로 자료를 찾고 분류하며 자신만의 생각을 정리하고 발표하는 방식입니다. 이때 다른 사람의 생각을 경청하고 공감하는 학생일수록 주도적이고도 창의적인 인재로 성장하는 것을 보았습니다. 〈세계통찰〉 시리즈가 보여 주는 형식과 내용은 학생과 교사 모두에게 긍정적인 영향을 줄 것이라고 확신합니다.

　가까운 미래에 글로벌 리더로서 우뚝 설 우리 청소년에게 힘찬 응원의 메시지를 보냅니다.

박보영(교육학 박사, 박보영 토론학교 교장, 한국대립토론협회 부회장)

1장

전 산업에 혁신을 몰고 온

정보 통신 기술 산업의 발달

첨단 기술 혁신을 주도하는 실리콘밸리의 시작

19세기 중반 캘리포니아에서 황금이 발견되면서 불기 시작한 서부 개척 열풍은 그동안 오지였던 서부 지역의 모습을 완전히 바꾸었습니다. 수많은 사람이 한몫 잡기 위해 서부로 몰려들었고, 이들을 위해 대륙 횡단 철도가 건설되었습니다.

리랜드 스탠퍼드Leland Stanford는 당시 대륙 횡단 철도 건설의 상당 부분을 담당한 주역으로서 철도 사업을 통해 막대한 부를 축적했습니다. 그는 주변 사람의 싸늘한 시선에도 아랑곳하지 않고 재산을 긁어모으는 일에만 관심을 두었습니다.

그런데 1884년 외아들이 죽은 뒤 스탠퍼드는 다른 사람이 되었습니다. 장티푸스로 세상을 떠난 아들이 꿈에 나타나 "아버지, 이제는 제발 남을 위해 사세요."라고 호소했고 스탠퍼드는 재산 대부분을 기부하기로 했습니다. 그는 주변 사람에게 "저의 친아들은 이른 나이에 세상을 떠났지만 캘리포니아에 사는 모든 아이를 아들로 생각해 좋은 교육을 받을 수 있도록 도울 것입니다."라고 말하며 교육을 위해 여생을 바치기로 결심했습니다. 이후 스탠퍼드는 1891년, 아들의 이

름을 딴 '리랜드 스탠퍼드 주니어 대학'을 세웠습니다.

스탠퍼드 대학은 1636년 세워진 하버드 대학보다 255년이나 늦게 설립되어 아이비리그[*]로 불리는 동부의 명문 대학에 비해 역사가 짧다는 약점이 있습니다. 스탠퍼드는 이 불리함을 만회하기 위해 대학 설립 초기부터 남녀 공학 제도를 도

스탠퍼드 대학을 설립한 억만장자 리랜드 스탠퍼드

입하고, 외국인 학생을 적극 유치하는 등 보수적인 동부의 명문 대학이 생각하지 못한 제도를 과감히 도입해 인재 유치에 나섰습니다.

스탠퍼드 대학이 있는 캘리포니아주는 태평양에 접해 있어 아시아로부터 많은 인재를 데려오기에 좋은 조건이었습니다. 또한 중산층이하인 경제적으로 여유가 없지만 똑똑한 학생들에게 등록금을 면제해줌으로써 가난한 학생에게 배움의 기회를 주었습니다.

스탠퍼드는 자신이 만든 학교가 서부의 최고 명문 대학으로 발돋움할 수 있도록 최고의 교수를 영입하고, 최첨단 연구 시설을 갖추는

---

* 미국 북동부에 위치한 8개의 명문 사립 대학을 말한다. 하버드(1636년), 예일(1701년), 펜실베이니아(1740년), 프린스턴(1746년), 컬럼비아(1754년), 브라운(1764년), 다트머스(1769년), 코넬(1865년) 순으로 설립되었다.

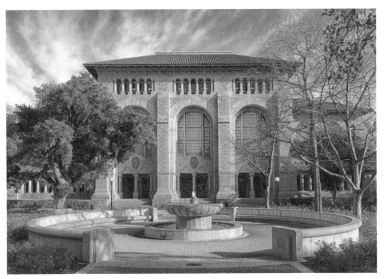

등 많은 노력을 했습니다. 이로 인해 스탠퍼드 대학은 짧은 시간에 세계적인 명문 대학으로 자리 잡았습니다. 특히 설립 초기부터 이공계 분야에 집중적으로 투자해 동부의 MIT 매사추세츠 공과 대학 와 함께 이공계 분야에서 독보적인 위치를 차지하게 되었습니다.

스탠퍼드 대학은 학생을 잘 가르치는 것뿐만 아니라, 대학을 졸업한 학생들이 사회에 나가 제 역할을 할 수 있도록 도왔습니다. 학생들의 기발한 아이디어가 상업화되면 지역 내 일자리 창출은 물론, 더 나아가 미국의 경제 발전에 큰 도움이 된다는 생각으로 학생들에게 대학 부지와 시설을 제공했습니다.

1939년 스탠퍼드 대학 졸업생인 윌리엄 휴렛 William Hewlett 과 데이비드 팩커드 David Packard 가 세운 컴퓨터 정보 기술 업체 휴렛팩커드 HP 를

실리콘밸리를 태동시킨 윌리엄 휴렛(좌)과 데이비드 팩커드(우)

시작으로 학교 부지에 다수의 IT Information Technology* 기업이 들어서게 되었습니다. 이로써 스탠퍼드 대학은 산학 협력**의 시작이자 벤처 기업***의 요람이 되었습니다.

1960년대 이후에는 스탠퍼드 대학 주변의 샌프란시스코만San Francisco Bay 남단 산타클라라 계곡에 반도체, 전자, 컴퓨터 통신 등 다양한 IT 기업이 자리를 잡으면서 이 지역은 '실리콘밸리'라는 이름을 갖게 되었습니다. 미국 사람들이 이곳을 실리콘밸리라고 부른 이유는 실리콘은 반도체의 원료로 사용되고, 이 지역에 우수한 반도체 기업이 많기 때문입니다.

---

* 정보를 신속하고 정확하고 효율적으로 수집, 처리, 전달하기 위한 총체적인 기술을 말한다. 구체적으로 컴퓨터 하드웨어, 소프트웨어, 통신 장비 관련 부품을 생산하는 산업을 통칭한다.
** 기업과 교육 기관이 교육 및 연구 활동에서 제휴, 협력, 원조를 통해 기술 교육과 생산성을 향상시키는 방식.
*** 신기술이나 노하우 등을 개발하고, 전문 지식과 신기술로 창조·모험 경영을 전개하는 중소기업.

실리콘밸리가 스탠퍼드 대학에서 비롯된 만큼 이 대학 출신들이 실리콘밸리의 성장을 주도하며 미국 IT 산업의 발전에 크게 기여하고 있습니다. 통계에 따르면 1930년부터 2000년까지 스탠퍼드 대학이 배출한 졸업생 14만 명 가운데 3만 9,900명이 창업했고, 이들이 창출한 일자리는 무려 540만 개에 달합니다.

오늘날에도 스탠퍼드 대학은 벤처 창업이 성공할 수 있도록 다양하고 전문적인 커리큘럼을 학생들에게 제공하고 있습니다. 그리고 누구라도 참신한 아이디어만 있다면 학교의 도움을 받아 창업에 도전할 수 있습니다. 또한 창업을 꿈꾸는 학생에게 실질적인 도움을 주기 위해 동문 출신 성공한 벤처 사업가, 벤처 투자자, 지적 재산권 관련 전문가 등을 수업에 투입하여 학생들의 꿈을 현실화하는 데 도움을 주고 있습니다. 이처럼 창업하기 쉬운 환경 덕분에 해마다 수많은 신생 벤처 업체가 탄생하고 있습니다.

스탠퍼드 대학은 창업을 원하는 재학생에게 기술 지원과 투자자 연결 등 경영 지원을 해 주는 대가로 창업에 성공할 경우 로열티를 일정액 받는데, 그 금액이 매년 수천만 달러에 이를 정도입니다.

혁신과 창조, 실리콘밸리의 성공 방식

실리콘밸리는 미국 IT 산업의 중심지로 확고히 자리매김하면서 반도체, SNS, 개인용 컴퓨터, 스마트폰 등 인류의 생활 양식을 바꿔 놓

실리콘밸리를 대표하는 애플

는 수많은 발명품을 쏟아 냈습니다. 이곳에서 끊임없이 새로운 벤처 기업이 탄생하고 신기술이 개발될 수 있었던 이유는 실리콘밸리만의 독특한 생태 환경 때문입니다.

참신한 아이디어가 있는 사람들은 작은 사무실이나 허름한 창고, 심지어 차고를 빌려서 창업하기도 합니다. 애플의 스티브 잡스Steve Jobs, 아마존의 제프 베조스Jeff Bezos, 구글의 래리 페이지Larry Page 등 오늘날 세계 IT 산업을 주름잡는 기업은 모두 차고에서 출발했습니다.

실리콘밸리에는 창업을 희망하는 사람들의 아이디어를 객관적으로 평가해 성공할 가능성이 있을 경우 자금을 투자하는 벤처 투자자가 많습니다. 벤처 투자자는 창업 초기에 적은 돈을 투자하지만 사업 규모가 커질 경우 더 많은 자금을 투입하며 회사가 기반을 잡을 때까지 지원을 아끼지 않습니다. 그들은 창업자가 실패한 경험이 있더라도 개의치 않습니다. 실리콘밸리에서 성공한 기업인의 대부분은 한두 번씩 실패한 경험이 있기 때문입니다. 실패를 경험한 경영인일수록 처음 창업한 사람보다 성공할 가능성이 높아 벤처 투자자에게 높은 점수를 받습니다.

벤처 투자자의 최종 목표는 벤처 기업이 주식 시장에 상장되어 주식이 비싼 값에 거래되는 것입니다. 만약 해당 벤처 기업이 상장될 경우 투자자는 막대한 시세 차익을 거둬 큰돈을 벌 수 있습니다. 실제로 투자한 금액의 수십 배에서 수백 배에 달하는 경우도 흔합니다. 즉 벤처 투자자는 신생 기업에 투자해 상장에 성공하면 그 어떤 비즈니스보다 큰 수익을 올릴 기회를 잡습니다.

한편, 창업자는 창업에 도전했다가 실패하더라도 구글, MS 등 기존 대기업이 이들을 흔쾌히 받아 주기 때문에 길거리에 나앉을 일이 없습니다. 이들은 대기업에 머물다가 다시 창업에 도전할 수 있습니다. 이와 같이 실리콘밸리에서 IT 산업에 종사하는 상당수가 투철한 도전 정신 하나로 창업에 나서고 있고, 이들은 성공 신화를 계속 쓰고 있습니다.

창고 창업 성공 신화의 표본이 된 유튜브

실리콘밸리의 성공 신화를 가장 잘 보여 주는 사례로 세계 최대 UCC_{User Created Contents}* 사이트인 유튜브를 꼽습니다. 유튜브의 창업자 중 한 명인 스티브 첸_{Steve Chen}은 1999년 온라인 전자 결제 시스템 기업인 페이팔_{PayPal}에 입사해 경력을 쌓았습니다.

페이팔은 뒷날 세계 최대의 전기 자동차 전문 업체인 테슬라_{Tesla}를 만든 일론 머스크_{Elon Musk} 소유의 기업으로 전자 상거래가 활성화됨에

---

* 사용자가 직접 제작한 저작물로 영상, 사진, 자막 등을 포함하는 콘텐츠.

유튜브를 만든
타이완계 미국인
스티브 첸

따라 매년 큰 폭의 성장을 거듭했습니다. 스탠퍼드 대학원에서 공학을 전공한 엔지니어 출신 일론 머스크는 기술자를 우대해 페이팔 직원들이 자유로운 분위기에서 연구할 수 있도록 배려해 주었습니다.

2002년 페이팔이 나스닥에 상장되자 큰돈을 번 일론 머스크는 그동안 자금 부족으로 추진하지 못한 전기 자동차와 로켓 개발에 전념하기 위해 세계적인 인터넷 상거래 기업인 이베이Ebay에 페이팔을 넘겼습니다.

대기업 이베이는 직원을 철저히 통제하는 기업 문화였기 때문에 부하는 상급자의 명령에 복종해야 했습니다. 그동안 자유롭던 회사 분위기가 이베이로 넘어오면서 갑자기 권위주의적으로 변하자 스티브 첸은 동료 두 명과 함께 창업에 나섰습니다. 그리고 변화하는 시대의 흐름을 감지한 그는 누구나 동영상을 올릴 수 있는 웹사이트 유튜브를 만들었습니다.

인터넷이 등장한 이후 사람들은 방송국이 일방적으로 프로그램을 내보내는 텔레비전을 시청하는 대신 인터넷에서 자신의 관심 분야를 찾는 일에 흥미를 갖게 되었습니다. 게다가 자신에 대한 표현 욕구가 강해지면서 스마트폰이나 디지털카메라를 이용해 동영상을 만드는 경우가 늘어났습니다. 이에 스티브 첸은 유튜브가 사람들의 자기표현 욕구를 분출할 수 있는 최상의 공간이 될 것이라고 생각했습니다.

2005년 4월 유튜브가 사이트 운영을 개시할 때, 첫 번째 게시물은 직원이 만든 19초짜리 짧은 동영상 하나가 전부였습니다. 그러나 시간이 흐를수록 사이트가 알려지면서 웹페이지에 올라오는 영상물도 계속 늘어났습니다. 유튜브가 네티즌의 관심 속에 인기 사이트가 되자 벤처 투자자가 몰려들었고, 스티브 첸은 실리콘밸리에 번듯한 사무실을 마련했습니다.

유튜브가 널리 알려지면서 이용자가 폭발적으로 증가하자 기존의 어떤 콘텐츠 업체보다 많은 동영상을 확보하게 되었습니다. 월간 10억 명이 넘는 방문객이 찾을 만큼 큰 인기를 얻자 세계 100대 기업이 유튜브에 광고하면서 회사 매출액은 급증했습니다.

유튜브는 양질의 콘텐츠를 확보하기 위해 인기 동영상을 올린 사람에게 광고 수입의 일부를 나눠 주는 방식을 도입해 더욱 인기를 얻었습니다. 인기 동영상의 재생에 앞서 시청자는 일정 시간 의무적으로 광고를 보아야 합니다. 유튜브는 이때 받는 광고 수입의 절반 이상을 동영상 제작자에게 지급함으로써 서로 이익을 내는 구조를 만들었습니다.

이를테면 노래에 뛰어난 소질이 있지만 방송 출연 기회를 잡지 못한 무명 가수가 유튜브에 노래를 올려 엄청난 조회 수를 기록하면서 부와 명예를 얻는 경우도 흔했습니다. 누구나 자유롭게 창작물을 올려 전 세계에 알릴 수 있는 유튜브는 스타를 꿈꾸는 사람들의 등용문 역할도 했습니다.

2006년 유튜브의 잠재 가치를 알아본 구글이 16억 5,000만 달러라는 거액을 들여 유튜브를 인수하자 스티브 첸을 비롯한 유튜브의 창업주들은 돈벼락을 맞았습니다. 막대한 돈을 들여 유튜브를 인수한 구글 역시 매년 사용자가 큰 폭으로 늘어나면서 덩달아 증가한 광고 수입으로 많은 이익을 얻었습니다.

세상 모든 PC를 장악한 독점 기업 마이크로소프트

1970년대 이전까지만 하더라도 컴퓨터는 쉽게 구매할 수 없는 비싼 기기였습니다. 방대한 자료를 처리해야 하는 일부 대기업이나 연구소 등에서만 컴퓨터를 사용할 수 있었습니다. 1970년대 들어서면서 컴퓨터 가격이 내려가자 예전에 비해 많은 사람이 컴퓨터를 사용하게 되었고, 컴퓨터의 대중화 시대가 열리게 되었습니다.

1975년 하버드 대학생이던 빌 게이츠Bill Gates는 머지않아 개인도 컴퓨터를 한 대씩 소유하는 PC(개인용 컴퓨터) 시대가 올 것이라고 예측했습니다. 그리고 PC용 운영 체제[*] 개발을 위해 학교를 그만두었습니다. 그는 MS마이크로소프트를 설립하고 PC용 운영 체제 개발에 나서 'MS-도스'라는 프로그램 개발에 성공했지만, 개발만으로는 시장에 진출할 수 없었습니다.

당시 많은 기업이 PC용 운영 체제 개발에 매달려 MS-도스보다 뛰어난 성능을 지닌

마이크로소프트를 설립한 빌 게이츠

프로그램이 시장에 넘쳐났습니다. 후발주자였던 MS는 고전을 면치 못했습니다. 그러던 중 1980년 빌 게이츠는 세계 최대 컴퓨터 회사였던 IBM의 경영자 존 오펠John Opel과 자신의 어머니가 친구라는 친분을 이용해 IBM에 MS-도스를 납품할 기회를 잡았습니다.

당시만 하더라도 소프트웨어를 만드는 일은 개인이나 작은 기업이 할 수 있었지만, 컴퓨터 하드웨어를 만드는 일은 극소수 첨단 기업만 할 수 있었습니다. 기업용 컴퓨터를 판매해 세계 최대 컴퓨터 제조 업체로 명성을 떨치던 IBM은 PC 사업에 진출하면서 소프트웨어로

---

[*] 컴퓨터의 하드웨어를 운영하기 위한 소프트웨어, OS(Operating System)라고도 한다.

PC 사용의 편리성을 극대화한 윈도우95

MS-도스를 탑재했습니다. IBM 경영진은 소프트웨어보다 하드웨어가 훨씬 중요하다고 생각했기 때문에 자체적으로 운영 체제를 만드는 대신 저렴한 돈을 내고 MS-도스를 사용하기로 했습니다.

1980년대 PC의 폭발적인 성장과 함께 MS-도스는 날개 돋친 듯 팔려 나가 시장 점유율을 늘려 나갔습니다. 1995년에 MS가 내놓은 윈도우95는 컴퓨터 운영 체제의 일대 혁명으로 엄청난 반향을 불러왔습니다. 윈도우95 이전까지만 하더라도 운영 체제를 작동시키려면 일일이 명령어를 컴퓨터에 입력해야 했습니다. 컴퓨터용으로 개발된 명령어를 모르는 사람은 컴퓨터를 작동할 수 없었습니다.

그런데 윈도우95는 바탕화면에 있는 아이콘만 클릭하면 컴퓨터를 마음대로 작동할 수 있어 복잡한 컴퓨터용 명령어를 모르는 사람도 쉽게 컴퓨터를 다룰 수 있게 되었습니다. 윈도우95의 대성공으로 컴퓨터의 보급률이 늘어나면서 1990년대 말 컴퓨터는 대부분 가정의 필수품이 되었습니다.

독점 지위를 이용해 마이크로소프트가 저지른 횡포

IBM 경영자는 개인용 컴퓨터를 발매하면서 하드웨어를 핵심 사업으로 여기고 운영 체제 같은 소프트웨어는 비핵심 사업으로 간주한 뒤 MS에 외주를 주어 시간과 경비를 절약하려고 했습니다. 시간이 흐르면서 후발 하드웨어 제조업체가 속속 등장하며 IBM을 위협하기 시작했습니다. 하드웨어 제조 기술이 평준화되면서 PC 시장은 치열한 가격 경쟁을 벌이는 격전지로 변했고, IBM의 수익은 날로 줄어들었습니다.

반면 PC용 운영 체제의 절대 강자였던 MS는 독점력을 기반으로 더 많은 돈을 벌었습니다. 윈도우95가 운영 체제의 표준이 되자 수많은 소프트웨어 회사가 윈도우95에 적합한 응용 프로그램을 만들어 시장에 공급했습니다. PC는 응용 프로그램의 수가 많아질수록 활용도가 높아지기 때문에 윈도우95의 영향력은 더욱 강해졌습니다.

빌 게이츠는 운영 체제 시장을 완전히 장악하자 기존의 저가 공급 정책을 버리고 비싼 값에 소프트웨어를 공급함으로써 막대한 부를 쌓았습니다. 윈도우95가 발매된 1995년에 빌 세이츠는 세계 최고 갑부에 올라 MS의 시대가 열렸음을 세상에 알렸습니다. 그가 막대한 부를 축적하는 동안 하드웨어 제조업체는 값비싼 소프트웨어 비용을

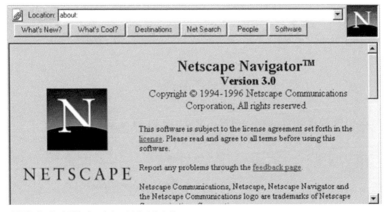

탁월한 성능을 발휘한 넷스케이프의 '네비게이터'

MS에 지불해야 했고, 그로 인해 이익이 거의 없어 생존을 위협받는
상황으로 몰렸습니다.

　한 기업이 시장을 독점하는 것은 소비자에게 결코 좋은 일이 아닙
니다. 전 세계 소비자는 선택의 여지없이 MS 제품에 비싼 돈을 지불
해야 했고, MS가 시장의 독점 지위를 이용해 저지르는 횡포에 그대
로 노출되었습니다. MS가 신생 기업 넷스케이프Netscape에 저지른 악
행은 한 기업이 시장을 독점하는 일이 얼마나 나쁜지 잘 보여 줍니다.
　1990년대 중반 인터넷이 세계에 널리 보급되면서 넷스케이프라는
회사가 주목받기 시작했습니다. 넷스케이프는 '네비게이터Navigator'라
는 웹브라우저를 만들어 네티즌의 사랑을 받았습니다. 웹브라우저는
인터넷 사이트에 접속하게 하는 프로그램으로 넷스케이프의 설립자
마크 안드레센Marc Andreessen이 세계 최초로 개발한 것입니다. 네비게

이터는 뛰어난 성능을 앞세워 세계 웹브라우저 시장의 87%를 장악했습니다.

1995년 넷스케이프는 나스닥에 상장되어 최고 인기 종목으로 대접받았습니다. 빌 게이츠는 소프트웨어 시장에서 승승장구하는 넷스케이프를 쓰러뜨리기로 마음먹고, 윈도우95에 자사 인터넷 웹브라우저인 익스플로러_{Explorer}를 끼워서 판매했습니다. 1998년에 발매된 MS의 신제품 윈도우98부터는 아예 익스플로러를 윈도우에 내장해 하나의 제품으로 판매했습니다.

1996년 당시 세계적인 컴퓨터 제조업체인 컴팩_{Compaq}은 네비게이터를 선호하는 소비자의 요구를 반영해 바탕화면에 익스플로러를 제거한 상태로 상품을 출하했습니다. 빌 게이츠는 바탕화면에 익스플로러 아이콘을 삭제할 경우 컴팩에 윈도우를 팔지 않겠다고 압박했습니다. 아무리 세계적인 하드웨어 제조업체라도 윈도우 없이는 컴퓨터를 완성할 수 없었습니다. 이런 이유 때문에 결국 컴팩은 빌 게이츠의 강압에 굴복해 익스플로러를 바탕화면에 부활시켰습니다.

빌 게이츠가 운영 체제 시장을 장악한 뒤 대상을 가리지 않고 제재

빌 게이츠가 강매한
마이크로소프트의 '익스플로러'

자선가로 변신해 존경을 받고 있는 빌 게이츠

를 가하자 사람들은 그에 대해 나쁜 감정을 가졌습니다. 1997년 10월 MS의 불공정 행위를 더는 두고 볼 수 없었던 정부는 연방 법원에 MS를 고소했고, 경영진을 법정에 세웠습니다. 1997년 12월 연방 법원이 MS에 "컴퓨터 제조업체를 괴롭히는 일을 즉각 중단하라."라는 명령서를 발부하자, 빌 게이츠는 상대 업체에 대한 압박 수위를 낮추었습니다.

1998년 미국 법무부와 13개 주 정부는 MS를 운영 체제 부서와 응용 프로그램 부서로 나눠야 한다는 반反독점 소송을 제기하며 빌 게이츠에게 철퇴를 내리고자 했습니다. 미국 법무부는 과거 존 록펠러John Rockefeller가 석유 사업을 독점하고 온갖 횡포를 부리자 그의 회사 스탠더드오일Standard Oil을 34개로 쪼개 더는 전횡을 일삼지 못하도록 한 적이 있습니다. 이번에는 MS를 둘로 쪼개려고 했고, 2000년 3월 연방 법원은 MS를 분할하도록 명령했습니다.

대책 마련에 나선 빌 게이츠는 친구이자 공동 창업자인 스티브 발머_{Steve Ballmer}에게 최고 경영자 자리를 넘겨주고 경영 일선에서 물러나는 모양새를 취했습니다. 또한 이미지 쇄신을 위해 세계 최대 자선 재단을 만들고 자선 사업가로 변신했습니다. 이 같은 노력에 법원의 회사 분할 명령은 취소되었지만 그동안 쌓인 적자를 견디지 못한 넷스케이프는 1999년에 결국 무너지고 말았습니다.

MS는 미국에서 운 좋게 법망을 빠져나갔지만 EU_{유럽 연합}에서는 처벌을 면하지 못했습니다. EU는 1990년 중반부터 10년 가까이 MS가 저지른 법규 위반 행위를 철저히 조사해 2004년 반_反독점법 위반 혐의로 22억 유로에 달하는 천문학적인 벌금을 MS에 부과했습니다.

야후의 성공 신화

1994년 스탠퍼드 대학교 박사 과정에 재학 중이던 타이완계 미국인 제리 양_{Jerry Yang}과 데이비드 파일로_{David Filo}는 의기투합해 새로운 웹사이트를 세상에 내놓았습니다. 이들이 만든 웹사이트는 인터넷상에 존재하는 수많은 웹사이트를 주제별로 분류해 보여 주어 사용자가 편리하게 이용할 수 있었습니다.

제리 양과 데이비드 파일로가 만든 웹사이트를 이용하는 사람이 폭발적으로 늘어나자 스탠퍼드 대학교의 서버만으로는 감당하기 불가능해졌습니다. 이들의 성공 가능성을 알아본 넷스케이프 창업자

야후를 만든 제리 양(우)과 데이비드 파일로(좌)

마크 안드레센은 자사의 대용량 서버를 이용할 수 있도록 배려했습니다. 제리 양과 데이비드 파일로는 자신이 만든 웹사이트에 야후 Yahoo!라는 이름을 붙였는데, 이 야후 웹사이트의 접속자 수는 지속적으로 늘어났습니다.

1995년 두 사람은 학업을 그만두고 사업가로서 야후를 본격적으로 키워 나갔습니다. 야후 웹사이트에는 이메일, 뉴스, 쇼핑, 스포츠, 날씨 등 무료로 이용할 수 있는 다양한 정보가 가득해 오늘날 포털사이트의 원형이 되었습니다. 새로운 포털사이트 유형을 제시한 야후는 관련 업계에서 독보적인 존재로 1996년 4월 나스닥에 회사를 공개해 순식간에 8억 5,000만 달러를 끌어모으는 데 성공했습니다.

야후의 주가는 거래 첫날 무려 154%나 치솟으며 성장 기대주로 각광받았습니다. 상장 1년 뒤인 1997년에는 500개가 넘는 대형 광고

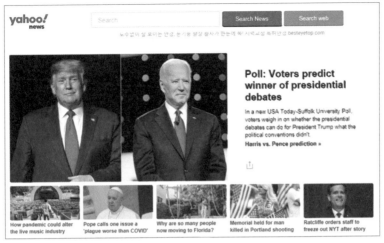

주를 확보해 안정적인 광고 수입을 올렸고 월간 10억 건이 넘는 페이지 뷰page view를 기록할 정도로 큰 인기를 누렸습니다. 야후는 미국에서 이룬 성공을 등에 업고 오스트레일리아, 뉴질랜드, 일본, 한국 등 전 세계 23개국에 진출해 세계 최대 포털사이트로 등극했습니다. 2000년 포털 시장 점유율이 50%에 이른 야후의 시가 총액은 1,200억 달러를 돌파했습니다.

이유가 있는 야후의 몰락

영원할 것만 같았던 야후의 성공 신화는 2000년대 중반에 이르면서 위기를 맞이합니다. 공학자 출신인 두 창업자는 회사의 규모가 커지자 전문 경영인을 영입해 회사 경영을 맡겼습니다. 외부에서 영입된 첫 CEO 티머시 쿠글Timothy Koogle은 강력한 검색 엔진을 개발한 구글의 존재를 제대로 파악하지 못했습니다. 당시 구글은 야후와는 비교할 수 없을 정도로 막강한 검색 엔진을 개발해 사용자를 점차 늘리고 있었는데, 야후는 구글의 검색 엔진을 4년 동안 빌려서 사용했습니다.

2001년 차기 CEO에 오른 테리 시멜Terry Semel은 기술 기업을 미디어 기업으로 바꾸며 야후의 몰락을 부채질했습니다. 그는 세계적인 영화사 워너브라더스Warner Bros. 출신으로 포털사이트 운영에는 문외한이나 다름없었습니다. 시멜은 인원을 새로 1,000여 명을 고용해 자체적으로 음식, 여행, 뉴스 등 다양한 콘텐츠를 제작했습니다. 이를 위해 막대한 돈을 들였지만 성과는 미미했습니다.

야후가 본업에 충실하지 않고 한눈을 파는 사이 구글은 검색 분야에 특화해 성장하며 점차 야후에게 위협적인 존재가 되었습니다. 2007년 창업주 제리 양이 경영 일선에 복귀했지만 그 역시도 더는 야후가 나아가야 할 길을 제시하지 못했습니다.

2008년 제리 양은 빌 게이츠에게 야후의 인수 제안을 받았습니다. 빌 게이츠는 운영 체제 판매만으로는 성장의 한계를 보이자 포털사이트 야후를 인수해 새로운 성장 동력으로 삼으려고 했습니다. 주주 대부분은 475억 달러에 달하는 엄청난 인수 금액을 제시한 빌 게이츠에게 야후를 넘겨야 한다고 생각했습니다. 하지만 무일푼에서 어렵게 회사를 세운 제리 양은 회사에 대한 애착이 남달라 계속 야후가 존속하기를 원했습니다.

빌 게이츠의 인수 제안을 거부한 이후 야후의 실적은 계속해서 나빠졌고, 이에 분노한 주주들은 힘을 합쳐 2009년 1월 제리 양을 CEO 자리에서 쫓아냈습니다. 이후 CEO를 비롯한 경영진이 수시로 바뀌면서 야후는 갈피를 잡지 못하고 표류했습니다.

야후를 궁지로 몰아넣은 마리사 마이어

2012년 7월 야후 주주들은 당시 구글의 부사장이었던 37세인 마리사 마이어Marissa Mayer를 영입해 회사 재건에 나섰습니다. 마이어는 스탠퍼드 대학에서 컴퓨터 공학을 전공한 구글 최초 여성 엔지니어로서 탁월한 능력을 발휘해 초고속 승진을 거듭하며 핵심 인재로 자리 잡아 가고 있었습니다.

야후 최초의 여성 경영자가 된 마이어는 야후가 부진에서 벗어나기 위해서는 구글처럼 막강한 검색 엔진을 가져야 한다고 판단하고 1,000명이 넘는 우수한 엔지니어를 영입해 최강의 검색 엔진 개발에 나섰습니다. 야후가 처음 등장했을 때만 하더라도 웹페이지에 뉴스, 날씨, 스포츠, 주식 등을 다양하게 보여 주는 포털사이트가 인기를 끌었습니다. 하지만 2000년대 중반 이후 네티즌의 취향이 바뀌어 정확한 정보 검색이 더 중요해졌습니다.

구글의 검색 엔진은 진화를 거듭하며 최고의 정보 검색 능력을 자랑했지만, 야후의 검색 엔진은 성능이 시원치 않아 소비자에게 외면을 받았습니다. 또한 특정 회사나 개인이 글이나 광고 등을 야후 포털사이트에 올릴 경우, 돈을 많이 내는 순으로 화면 상위 링크에 노출하면서 네티즌의 신뢰를 잃었습니다. 게다가 야후에는 번잡한 광고가 넘쳐나 보는 사람들은 이를 못마땅하게 생각했습니다.

이 같은 문제를 해결하기 위해 마이어는 구글을 비롯한 여러 업체에 고액 연봉을 제시하며 검색 엔진을 개발하는 엔지니어를 대거 영입했습니다. 하지만 구글보다 나은 검색 엔진을 만드는 데는 실패하고 말았습니다. 이미 구글이 완벽한 기술을 보유한 상태였기 때문입니다.

마이어는 검색 엔진 개발에 실패하자 외부에서 영입한 엔지니어를 대량으로 해고해 큰 반발을 샀습니다. 마이어가 독단으로 엔지니어를 해고하자 이에 불만을 품은 직원들이 대거 이직해 기술 개발 업무를 제대로 진행할 수 없었습니다. 마이어는 기술 개발 실패와 직원들과의 갈등으로 궁지에 몰리자 '사업 다각화'라는 새로운 대책을 들고 나왔습니다.

마이어는 취임 뒤 4년 동안 23억 달러를 쏟아부으며 기업 53개를 인수했지만, 야후에 이익을 안겨 준 회사는 거의 없었습니다. 그녀는 기업을 인수한 뒤 제대로 관리하지 못하고 방치해 주주들의 원성을 샀습니다. 게다가 2007년 스마트폰이 등장하면서 인터넷의 중심이 개인용 컴퓨터에서 모바일로 바뀐 것을 제대로 파악하지 못한 야후는 SNS Social Network Service 시장에 제대로 진입조차 하지 못했습니다.

야후는 시간이 흐를수록 인터넷 검색에서는 구글에 뒤처지고, SNS에서는 페이스북에 밀리면서 존재 이유를 상실해 갔습니다. 2016년 야후는 불과 48억 달러 남짓한 가격에 매물로 나왔고, 미국 최대 이동 통신 업체 버라이즌 Verizon 에 넘어가면서 창업 22년 만에 위대한 성공 신화가 막을 내렸습니다.

한때 미국에서 손꼽히는 기술 기업이었던 야후가 몰락한 이유는 시대를 따라가지 못한 경영자들의 무능이 결정적이었습니다. 야후를 거쳐 간 경영자들은 재임 중 수억 달러에 이르는 연봉을 받으며 회사의 재무 상태를 더욱 악화시켰습니다. 회사를 완전히 침몰시킨 마이어는 4년이라는 재임 기간 동안 연봉을 무려 2억 1,800만 달러나 챙겨 억만장자가 되었습니다. 마이어는 야후의 매각 협상이 진행되는 중에도 회사 돈으로 초호화 파티를 열고 유명 패션쇼에 수백만 달러를 지원해 임직원들의 빈축을 샀습니다.

차고에서 출발해 우주까지 도전하는 구글의 시작

구글을 만든 사람은 스탠퍼드 대학원 동창생인 세르게이 브린 Sergey Brin 과 래리 페이지입니다. 두 사람은 유대인 지식인 집안 출신이라는 공통점이 있습니다.

세르게이 브린은 1973년 8월 소련에서 출생한 유대인입니다. 그의 부모는 소련 모스크바 국립 대학 수학과 출신인 수학자로 자식의 미래를 위해 미국으로 떠나는 이민을 선택했습니다.

1970년대 소련에는 수많은 유대인이 살고 있었지만 러시아인에게 뿌리 깊이 박혀 있는 반유대인 정서로 인해 극심한 차별을 받았습니다. 유대인은 아무리 똑똑하더라도 물리학과에 진학할 수 없었고, 항공이나 우주 공학 등 첨단 기술 분야에는 취업할 수 없었습니다. 세르게이 브린의 아버지 마이클 브린Michael Brin도 물리학자가 꿈이었지만 유대인이라는 이유만으로 입학시험조차 치를 수 없어 수학자의 길을 걷게 되었습니다. 이러한 현실에 회의를 느낀 브린의 가족은 1979년 미국으로 건너왔습니다.

수학을 전공한 브린 부부의 재능을 알아본 미국은 정부 차원에서

구글을 만든 세르게이 브린(좌)과 레리 페이지(우)

이들이 제대로 정착할 수 있도록 도움을 주었습니다. 세르게이 브린의 아버지는 메릴랜드Maryland 대학 수학 교수로, 어머니는 NASA미국 항공 우주국에서 핵심 연구원으로 왕성한 활동을 했습니다. 부모의 영향으로 수학에 뛰어난 능력이 있던 세르게이 브린은 아버지가 근무하는 메릴랜드 대학 수학과에 들어가 3년 만에 졸업했습니다. 이후 스탠퍼드 대학원에 진학해 컴퓨터 공학을 전공하면서 동갑내기 친구 래리 페이지를 만났습니다.

래리 페이지는 미국 중북부에 있는 미시간주 출신입니다. 그의 부모는 컴퓨터 공학 교수였습니다. 부모의 영향으로 어릴 적부터 컴퓨터에 익숙했던 래리 페이지는 12살이 되던 해에 교류 전기 시스템을 개발한 천재 공학자 니콜라 테슬라Nikola Tesla에 관한 전기를 읽고 세상을 바꿀 혁신적인 발명가가 되는 꿈을 가졌습니다. 그 뒤 아버지가 교수로 있던 미시간 대학 컴퓨터 공학과를 졸업하고 스탠퍼드 대학원에 진학해 세르게이 브린과 함께 컴퓨터를 연구하게 되었습니다.

이들이 스탠퍼드 대학원에서 공부하던 1990년대 중반은 인터넷이 점차 보급되던 시기로, 두 사람은 인터넷에서 필요한 정보를 효율적으로 찾는 방법에 대해 연구하기 시작했습니다. 당시 야후를 비롯한 여러 포털사이트가 존재했지만 네티즌이 원하는 정보를 제대로 찾아 주지는 못했습니다. 이에 두 사람은 인터넷에 흩어져 있는 수많은 정보 중에서 네티즌이 원하는 정보를 정확히 찾아 주는 방법을 알아내기 위해 밤을 지새우며 연구에 매진했습니다.

1996년 8월 두 사람은 수학을 이용해 필요한 정보를 찾아내는 방법을 개발했습니다. 특정한 지식을 찾는 사람들이 가장 많이 접속한 사이트나 자료를 검색해 네티즌에게 보여줌으로써 원하는 정보를 쉽게 얻을 수 있도록 했습니다. 이 검색 기술은 당시 혁신적인 것으로 그들이 만든 검색 엔진은 막강한 성능을 보여 주었습니다. 두 사람은 자신들이 만든 검색 엔진을 적용해 구글Google이라는 웹사이트를 만들었습니다.

이들은 처음 웹사이트 이름을 10의 100제곱을 뜻하는 수학 용어인 구골Googol로 지으려고 했습니다. 구골은 무한대에 가까운 큰 수로 자신들이 만든 검색 엔진이 이 세상에 존재하는 무한한 정보를 검색할 수 있도록 해 준다는 자신감을 담은 것이었습니다. 하지만 다른 사람이 먼저 상호 등록을 한 바람에 그와 비슷한 구글Google로 정했습니다. 브린과 페이지는 스탠퍼드 대학의 서버를 이용해 구글의 검색 서비스를 제공했는데, 갈수록 접속자가 너무 많아지게 되자 학교 서버가 마비되는 사태가 벌어졌습니다.

브린과 페이지는 야후를 비롯한 여러 포털사이트를 찾아다니며 100만 달러에 구글의 검색 엔진 기술을 사 줄 것을 요청했지만 거절당했습니다. 당시 포털사이트의 주요 수입원은 광고 수입이었기 때문에 네티즌이 포털사이트에 오랜 시간 머물면서 이것저것 클릭해야 더 많은 광고 수입을 올릴 수 있었습니다. 그런데 구글의 웹사이트에는 달랑 검색창 하나만 있어 광고를 붙이기가 쉽지 않아 보였던 것입니다.

브린과 페이지는 직접 회사를 설립하기로 하고 투자자 모집에 나섰습니다. 그러나 대부분의 벤처 투자자 역시 광고 수입을 올리기 쉽지 않아 수익 창출이 불가능해 보이는 구글에 투자하기를 꺼렸습니다.

1998년 8월 브린과 페이지는 지도 교수의 도움으로 투자자 1명에게서 10만 달러를 지원받고 스탠퍼드 대학교 연구실을 떠나 주택의 차고를 빌려 사업을 시작했습니다. 이들은 비록 차고에서 시작했지만 '구글 세계 본부'라는 거창한 간판을 내걸면서 언젠가는 구글이 세계 최고의 IT 회사가 될 것이라고 자신했습니다.

세계 최대 기업이 된 구글

구글의 탁월한 검색 엔진 성능을 경험한 사람은 누구나 구글 애호가가 되었고, 시간이 갈수록 사용자는 기하급수적으로 늘어났습니다. 사용자가 늘어나자 구글에 광고를 붙이려는 기업이 많아지면서 매출이 늘어났습니다. 구글은 다른 포털사이트처럼 너저분하게 광고를 붙이지 않았고, 네티즌이 구글 사이트 이용에 불편하지 않도록 교묘하게 광고를 삽입했습니다. 아무리 돈을 많이 준다고 하더라도 사이트의 첫 화면에는 광고를 허락하지 않았습니다. 구글 사이트에 접속할 경우 항상 첫 화면에는 검색

세계 최대 검색 업체가 된 구글

창 하나만 두었습니다.

브린과 페이지는 구글의 지속 성장을 위해 인재 채용에 회사의 사활을 걸었습니다. 웬만한 규모의 기업에서는 신입 사원 선발은 인사 담당 부서에 맡기지만, 창의적인 인재 하나가 세상을 바꿀 수 있다고 믿는 브린과 페이지는 신입 사원을 뽑을 때도 직접 면접을 하며 구글에 도움이 될 사람인지를 판별했습니다.

치열한 경쟁을 뚫고 구글에 입사한 사원에게 회사는 업계 최고 수준의 대우를 해 줍니다. 높은 수준의 연봉은 물론이고 연구 개발에 몰입할 수 있도록 최상의 환경을 제공합니다. 회사 건물을 마치 대학 캠퍼스처럼 낭만적인 모습으로 만들어 직원들은 회사에 출근하는 것이라기보다는 휴양지에 온 듯한 느낌을 받습니다. 회사 내부에 수영장, 수면실, 테니스장, 농구장, 병원, 미용실, 마사지실 등 다양한 공간을 만들어 사원들이 충분한 휴식을 취할 수 있도록 했습니다.

IT 업계 종사자는 육체노동이 아닌, 고도의 집중력이 필요한 정신노동을 하기 때문에 창의력을 발휘하기 위해서는 적절한 휴식이 필요합니다. 집에 있는 것만큼 회사에서 편안함을 느껴야 긴 시간 동안 일할 수 있기 때문에 구글은 좋은 환경을 만들기 위해 노력합니다.

구글이 직원 복지를 위해 가장 신경 쓰는 부문은 식사입니다. IT 산업 특성상 회사에는 미혼인 젊은 직원이 대다수를 이루기에 식사를 제때 챙겨 먹기가 쉽지 않습니다. 아침을 거르고 출근하기 일쑤이며 회사 근처에 식당도 많지 않아 점심이나 저녁을 사 먹으려면 차를 몰고 나가야 하는 불편이 있습니다. 구글은 식사 문제로 곤란을 겪는 직원의 고충을 해결하기 위해 하루 세끼를 무료로 제공합니다.

직원들에게 먹는 즐거움을 선사하기 위해 최고 요리사를 고용해 특급 호텔 수준의 식사를 제공합니다. 요리사는 최상품 유기농 재료를 엄선해 미국식, 인도식, 중국식, 한국식, 유럽식 등 여러 나라의 다양한 식단을 준비합니다. 하루 세끼를 무료로 제공할 뿐 아니라, 필요하면 집에 싸 가도 되기 때문에 직원들은 식사를 해결해야 하는 고충에서 벗어날 수 있습니다.

미국 본사에서만 5만 명이 넘는 직원에게 식사를 제공하기 위해서는 막대한 돈이 들어가기 때문에 이를 반대하는 사람도 있습니다. 좀 더 많은 이익 배당금을 원하는 구글의 주주 일부는 과도한 사내 복지로 회사 경쟁력이 떨어진다고 주장하며 복지 축소를 강조합니다. 하

대학 캠퍼스처럼 자유로운 구글

좋은 식사로 직원의 마음을 사로잡은 구글

지만 브린과 페이지는 회사가 직원에게 최상의 대우를 해 줄 때 직원
역시 회사에 최선을 다한다고 여겨 업계 최고 수준의 복지를 유지했
습니다. '사람은 기업 없이 존재할 수 있지만, 기업은 사람 없이 존재
할 수 없다.'가 종업원에 대한 구글 창업주의 생각입니다.

인간의 뇌와 같은 능력을 갖춘 인공 지능의 시대가 열리다

인간의 두뇌에 버금가는 인공 지능을 만드는 일은 오래전부터 많
은 사람의 꿈이었지만 그 꿈을 이루기란 결코 쉬운 일이 아니었습니
다. 인간의 뇌는 무엇과도 비교할 수 없을 정도로 정교하면서도 효율
적인 방법으로 정보를 처리합니다. 이 때문에 인간의 뇌에 버금가는

인공 지능을 만들기란 사실상 불가능하다고 여겨졌습니다.

하지만 1997년 세계 최고의 기술력을 자랑하던 미국 IBM사가 자사의 인공 지능 프로그램 딥 블루Deep Blue*를 내세워 전설적인 세계 체스 챔피언 가리 카스파로프Garry Kasparov에게 도전함으로써 인공 지능의 시대가 열렸습니다. 딥 블루가 예상을 깨고 세계 체스 챔피언을 이기자 사람들은 똑똑해진 인공 지능의 출현을 눈앞에서 보게 되었습니다.

2001년 IBM은 기술을 대폭 향상한 인공 지능 '왓슨Watson'을 공개하며 다시 한번 세상을 놀라게 했습니다. 왓슨은 이전과 달리 인간의 말, 즉 자연어를 알아듣는 최초의 인공 지능 컴퓨터였습니다. 컴퓨터와 인간이 상호 작용하려면 컴퓨터 키보드로 명령이나 정보를 입력하는 과정이 필요하지만 왓슨은 인간의 말을 알아듣고 곧바로 반응했습니다. IBM은 왓슨에게 백과사전에 있는 모든 정보를

인간과 체스 경기에 나선 딥 블루

* 체스 게임 용도로 만든 IBM의 슈퍼컴퓨터. 초당 10억 가지 방법을 계산할 수 있다.

퀴즈왕이 된 인공 지능 왓슨

입력해 똑똑한 인공 지능으로 발전시켰습니다. 그러고는 성능을 확인하기 위해 미국의 유명한 퀴즈 프로그램인 '제퍼디!Jeopardy!'에 왓슨을 내보내기로 했습니다.

퀴즈 쇼 역사상 처음으로 인간이 아닌 인공 지능이 참가자로 등장하자 미국을 비롯한 전 세계인의 이목이 제퍼디!에 집중되었습니다. 왓슨과 경쟁을 벌인 상대는 74회 연속 우승으로 최다 승리를 차지한 퀴즈왕이었습니다. 왓슨은 진행자의 말을 완벽히 이해한 뒤 질문에 대한 정답을 내놓았고, 인간 퀴즈왕을 상대로 압도적인 승리를 거두었습니다. 인간의 말을 알아듣는 왓슨의 등장은 이전에 비해 인공 지능이 비약적으로 발전했음을 알리는 사건이었습니다.

왓슨의 새로운 임무는 병을 진단하는 의사 역할이었습니다. IBM

은 왓슨을 의사로 만들기 위해 200만 쪽 이상의 의학 관련 논문, 150만 명 이상의 환자 진료 기록 등 방대한 정보를 왓슨에 입력했습니다. 2013년 대형 병원에서 암 진료를 시작한 왓슨은 암 진단 시 정확도가 90% 이상으로 어떤 유명한 의사보다 출중한 진단 능력을 뽐내고 있습니다. 3초 만에 정확한 진단을 내리는 왓슨은 완치 가능성이 높고 부작용이 적은 치료 방법을 제시합니다. 이는 수십 년간 환자를 치료한 경험이 있는 최고의 명의나 할 수 있는 일입니다. 병을 정확히 진단하기 위해서는 많은 자료와 경험이 필요한데, 왓슨은 어떤 의사보다도 많은 데이터를 보유하고 있으며 인간이 따라갈 수 없는 속도로 데이터를 쌓아 가고 있습니다.

신개념 인공 지능 알파고의 도전

2000년 구글은 앞으로 인공 지능이 인류의 삶을 크게 바꿔 놓을 것이라고 생각해 본격적으로 인공 지능 연구에 착수했습니다. 인공 지능은 환자의 질병 진단을 비롯해 자율 주행 차량 운행, 금융 상품 분석, 법률 서비스 제공 등 수많은 영역에서 인간을 대체할 수 있는 무한한 잠재력이 있습니다. 구글은 이를 선점하기 위해 기술 개발에 나섰습니다.

IT 전문 기업 IBM은 오래전부터 인공 지능 개발에 매진해 왓슨이라는 역작을 만들었지만 신생 기업 구글은 인공 지능에 관한 해박한 엔지니어가 거의 없어 신기술 개발에 어려움을 겪었습니다. 구글은 인공 지능에 관한 기술을 독자적으로 개발하는 것보다 기존 업체를 인수하는 것이 더욱 효율적이라고 생각했습니다. 그래서 거액을 들여 전 세계에 흩어져 있는 인공 지능 관련 기술 기업을 인수했습니다. 구글이 인수한 인공 지능 회사 중 영국의 딥마인드DeepMind는 최고의 기술력을 지닌 알짜 회사였습니다.

딥마인드의 창업자 데미스 하사비스Demis Hassabis는 1976년 런던에서 그리스계 아버지와 중국계 어머니 사이에서 태어났습니다. 어릴 적부터 컴퓨터와 게임에 빠져 지냈고 학창 시절 월반을 거듭할 정도로 학업에서 두각을 나타냈습니다. 하사비스는 15살에 고등학교를 졸업했습니다. 그는 대학에 진학하는 대신 평소 좋아하던 게임을 직접 만들기 위해 게임 회사에 취업했습니다. 게임 개발자의 길로 들어선 지 얼마 되지 않아 '테마 파크'라는 게임을 만들었는데, 이 게임이 영국에서 큰 인기를 끌면서 그는 게임 개발자로서 명성을 얻게 되었습니다.

게임 업계에서 승승장구하던 하사비스는 19세가 되던 해 갑자기 직장을 그만두고 케임브리지 대학에서 컴퓨터 공학을 공부했습니

알파고를 만든 천재 데미스 하사비스

다. 이후 런던 대학교 대학원에 진학해 뇌의 작용에 관한 공부를 하면서 뇌의 효율적인 정보 처리 능력에 큰 관심이 생겼고, 이를 모방한 인공 지능을 개발하기로 마음먹었습니다. 하사비스는 2009년 인지 신경 과학 박사 학위를 받고 이듬해 인공 지능 개발업체 '딥마인드'를 창업해 새로운 도전에 나섰습니다.

2014년 구글은 하사비스의 가능성을 높이 평가해 매출도 많지 않던 회사를 무려 6억 2,500만 달러라는 거금을 주고 인수했습니다. 단번에 억만장자가 된 하사비스는 구글의 인공 지능 부문 부사장으로 영입되었고, 인공 지능에 관한 연구를 계속했습니다.

2015년 10월 하사비스는 '알파고'라는 신개념 인공 지능 프로그램을 개발했습니다. 알파고는 기존에 개발된 인공 지능과는 달리 인간의 뇌와 거의 유사하게 작동함으로써 마치 사람처럼 스스로 학습해 진화할 수 있는 독특한 존재였습니다.

하사비스는 알파고의 성능을 알아보기 위해 바둑을 선택했습니다. 체스는 6가지 종류의 말이 움직이는 방법이 미리 정해져 있기 때문에 게임 도중 일어날 수 있는 경우의 수가 제한되어 있습니다. 1997년 IBM의 인공 지능 딥 블루는 인간 체스 챔피언과 겨룰 경기를 앞두고 게임 도중 일어날 수 있는 경우의 수를 모조리 입력해 승리를 거두었습니다. 하지만 바둑 경기에서 바둑돌을 어디에 둘지는 전적으로 경기 참여자의 마음이기 때문에 경우의 수가 무한에 가깝습니다.

가로 19줄과 세로 19줄이 만나는 교차점 모든 곳에 바둑돌을 둘

수 있기 때문에 발생할 수 있는 경우의 수는 10의 170제곱으로 우주를 구성하는 원자 수보다 더 많습니다. 이 때문에 바둑은 창의적인 머리를 지닌 인간의 게임으로 여겨졌고, 인간을 상대로 바둑을 두는 인공 지능을 만들기란 불가능하다고 생각했습니다.

IBM 인공 지능 딥 블루가 인간 체스왕을 꺾었을 때도 전문가들은 "컴퓨터가 바둑왕을 이기려면 최소 100년 이상의 시간이 필요하다." 라고 말하며 인공 지능의 전망을 낮추어 예상했습니다.

하지만 2015년 하사비스가 인간의 뇌를 완벽히 모방해 만든 인공 지능 알파고는 스스로 바둑을 공부하면서 짧은 기간에 엄청난 실력을 길렀습니다. 알파고가 또 다른 알파고와 실전을 수백만 번 치르면서 막강해지자 구글은 2015년 10월에 중국계 유럽인으로서는 최고의 바둑 기사인 판 후이Fan Hui 프로 2단과 겨룰 대국을 준비했습니다.

알파고가 압도적인 기량을 선보이며 다섯 차례 한 대국에서 판 후이를 꺾자 사람들은 깜짝 놀랐습니다. 경기가 시작되기 전에 인공 지능 전문가 대부분은 현재 인류가 가진 기술로는 프로 바둑 기사는 커녕 아마추어조차 이기지 못할 것이라고 예상했습니다. 하지만 의외의 결과가 나오자 당혹감을 감추지 못했습니다.

알파고의 가능성을 확인한 구글은 세계 최정상급 바둑 기사로 한국 바둑계를 대표하는 이세돌 프로 9단과 겨룰 대국을 추진해 큰 관심을 불러일으켰습니다. 구글은 총 다섯 번 하는 대국에서 세 번 이상 승리하면 상금으로 100만 달러를 주겠다고 제안했고, 최강의 인공 지능과 정상급 바둑 고수가 겨루는 맞대결이 성사되었습니다.

인간이 이길 수 없는 경지에 오른 알파고

　2016년 3월 세계가 지켜보는 가운데 알파고와 겨루는 대국이 치러지기로 결정되자 이세돌 프로 9단은 "한 번이라도 지면 알파고의 승리로 봐도 무방하다."라며 승리에 대한 자신감을 나타냈습니다. 그러나 막상 대국이 시작되자 알파고가 경기를 주도하기 시작했습니다. 알파고는 상대의 전략을 모조리 간파하고 있었고, 누구도 생각하지 못한 묘수를 두며 이세돌 9단을 눌렀습니다. 5차례 맞붙은 대국에서 네 번을 이기며 알파고의 승리로 대국은 끝을 맺었습니다. 알파고가 바둑에서 인류 대표를 이긴 사건은 수많은 사람에게 큰 충격을 주었습니다.

　알파고는 체스 게임에 나선 IBM의 딥 블루처럼 미리 입력된 대로 바둑을 둔 것이 아니라 인간처럼 스스로 해법을 찾아가면서 경기에

임했습니다. 알파고는 상대방을 혼란에 빠뜨리기 위해 교묘한 덫을 놓기도 했습니다. 알파고가 함정을 파는 것은 개발자조차 생각하지 못한 일이었습니다. 이는 스스로 학습 능력을 갖춘 인공 지능이 인간의 통제에서 벗어날 수 있음을 보여 주는 사례였습니다.

한국에서 벌어진 인간 대 인공 지능 간의 바둑 대전이 전 세계인의 관심을 끌며 세기의 볼거리가 되자 구글은 돈으로 계산할 수 없을 정도로 막대한 광고 효과를 얻었습니다. 경기를 지켜보던 수많은 사람은 구글이 만든 인공 지능 알파고가 세계 최강이라는 것을 눈으로 확인했습니다. 이는 기술 기업 구글의 이미지 향상에 큰 도움이 되었습니다.

현재 알파고는 많이 활용되고 있지 않지만 가까운 미래에는 IT 산업 분야를 비롯해 무인 자동차, 의학, 유전학, 제약, 법률 등 대부분 영역에서 인간을 대체할 것으로 예상합니다. 구글은 그 중심에 서고자 합니다.

구글의 안드로이드, 가장 인기 있는 모바일 운영 체제의 탄생

2003년 10월 앤디 루빈Andy Rubin은 앞으로 다가올 스마트폰 시대를 준비하기 위해 안드로이드Android라는 소프트웨어 회사를 설립했습니다. 최초의 스마트폰인 아이폰iPhone이 처음 모습을 드러낸 때가 2007년인 것을 고려하면 루빈은 스마트폰이 존재하지도 않을 때 이미 스마트폰용 운영 체제를 개발하기 위해 안드로이드를 창업한 것입니다.

당시까지는 휴대 전화 회사마다 다른 운영 체제를 사용했기 때문에 휴대 전화용 애플리케이션응용 프로그램을 만드는 업체는 휴대 전화의 특성에 맞춰 수많은 종류의 애플리케이션을 만들어야 했습니다. 루빈은 단 하나의 운영 체제만 존재한다면 예전보다 훨씬 쉽게 애플리케이션을 만들 수 있다고 판단했습니다. 세계인이 안드로이드를 사용할 경우 게임, 온라인 쇼핑 등 스마트폰용 애플리케이션을 개발하는 업체에도 큰 이익이 돌아갈 것이라고 생각했습니다. 그래서 루빈은 누구나 무료로 사용할 수 있는 개방형 운영 체제를 만들기로 했습니다.

루빈은 직원들과 함께 스마트폰용 운영 체제인 안드로이드를 만들기 위해 노력했지만 창업 1년여 만에 자금난을 견디다 못해 회사를 팔기로 하고 세계적인 휴대 전화 제조사 삼성전자를 찾았습니다. 그

개방형 스마트폰 운영 체제인 안드로이드

러나 삼성전자는 스마트폰이 존재하지도 않는 상태에서 스마트폰용 운영 체제를 팔러 온 안드로이드의 가치를 알아보지 못했습니다.

2005년 7월 루빈이 구글을 찾아갔을 때, 구글의 엔지니어들은 안드로이드의 진면목을 금세 알아보았습니다. 구글 경영진은 안드로이드가 당장은 필요 없지만 가까운 장래에 스마트폰이 보급되면 긴요하게 사용될 수 있다고 판단하고는 루빈의 인수 제안을 흔쾌히 받아들였습니다. 구글은 인수 대가로 현금 5,000만 달러를 지급했을 뿐 아니라 루빈을 구글의 수석 부사장으로 영입했습니다. 구글의 핵심 경영진이 된 루빈은 '안드로이드'를 완성하는 일을 주도했습니다.

2007년 애플이 최초의 '아이폰'을 들고 나오면서 스마트폰의 역사가 시작되었습니다. 하지만 정작 스마트폰용 운영 체제를 장악한 것은 구글의 안드로이드였습니다. 애플은 아이폰을 세상에 내놓은 직후부터 아이폰용 운영 체제인 iOS를 다른 스마트폰 제조업체와 공유하지 않았습니다. 만약 애플이 다른 업체와 iOS를 공유했다면 구글의 안드로이드는 설 곳이 없었을지도 모릅니다. 애플의 폐쇄주의 때문에 iOS를 사용할 수 없던 다

성능은 뛰어나지만 폐쇄적인 iOS

른 스마트폰 회사에서 안드로이드를 사용하면서 안드로이드가 확산 되었습니다.

애플이 스마트폰을 선보이자 경쟁업체인 삼성전자, LG전자 등 기존 휴대폰 제조업체는 너나없이 스마트폰 제조에 뛰어들었습니다. 애플이 아이폰을 발매한 이후에도 한동안 스마트폰이 전체 휴대 전화 시장에서 차지하는 비중은 미미했습니다. 그 때문에 기존 휴대 전화 제조사들은 자체적으로 스마트폰용 운영 체제를 개발할 시간 여유가 있었습니다. 하지만 구글이 '안드로이드 완전 무료 제공'이라는 파격적인 제안을 하자 휴대 전화 제조업체들은 구글의 달콤한 제안에 넘어갔습니다.

애플을 제외한 모든 스마트폰 제조업체가 안드로이드를 탑재하자

무료 서비스로 큰 성공을 거둔 안드로이드

안드로이드는 순식간에 애플의 iOS를 제치고 업계 1위로 올라섰습니다. 시간이 지나자 안드로이드의 시장 점유율이 85%를 넘어서며 사실상 안드로이드가 스마트폰용 운영 체제 시장을 지배하게 되었습니다.

그동안 구글은 안드로이드를 탑재한 스마트폰이 iOS를 탑재한 아이폰보다 더 많이 팔릴 수 있도록 각국의 이동 통신사에 많은 것을 양보했습니다. 이를테면 안드로이드 내의 애플리케이션 마켓에서 1,000원짜리 게임이 팔릴 때 게임 개발자에게 700원을 지급하고 남은 300원 중 270원을 이동 통신사에 수수료 명목으로 지급하는 정책을 취했습니다. 1,000원짜리 게임이 애플리케이션 마켓에서 팔리더라도 구글이 가져가는 돈은 총 판매 금액의 3%인 30원밖에 되지 않았지만 스마트폰 보급 초기에 구글은 철저히 몸을 낮추었습니다.

이동 통신사는 애플리케이션 개발과 판매에 별다른 노력을 하지 않았음에도 구글이 수익의 상당 부분을 보장해 주자 안드로이드 스마트폰을 한 개라도 더 팔기 위해 발 벗고 나섰습니다. 이동 통신사의 광고, 보조금 지원 등 전폭적인 협조로 안드로이드 폰은 아이폰을 누르고 손쉽게 정상을 차지했습니다.

구글은 스마트폰용 운영 체제 시장을 장악하자 본색을 드러내기 시작했습니다. 이동 통신사에 지급하는 수수료를 계속 낮추며 자사의 이익을 늘려 갔습니다. 이에 이동 통신사들은 강력하게 반발했지만 시장 점유율이 85%를 넘어서는 안드로이드에 저항할 뾰족한 방법이 없었습니다.

스마트폰 제조사 역시 구글의 전략에 말려들기는 마찬가지였습니다. 2007년 스마트폰이 세상에 처음으로 모습을 드러냈을 때만 하더라도 스마트폰은 첨단 기술의 상징으로서 삼성전자, LG전자 등 극소수 글로벌 기업만이 제조할 수 있는 역량을 갖추고 있었습니다. 이에 제조업체는 비싼 값에 스마트폰을 판매해 쉽게 돈을 벌었지만, 시간이 지남에 따라 스마트폰을 제조할 수 있는 업체가 계속 늘어났습니다.

특히 저가 제품을 만드는 데 일가견이 있는 중국 업체들이 스마트폰 제조에 나서자 스마트폰 가격은 하루가 멀다 하고 내려갔습니다. 결국, 스마트폰 제조업체 대다수가 적자에 허덕이다가 시장에서 사라졌지만 운영 체제를 만드는 구글은 해마다 이익이 늘어났습니다.

구글은 스마트폰 제조업체에 안드로이드를 무료로 제공하는 대신 안드로이드를 작동시킬 경우 구글 검색 엔진, 크롬 웹 브라우저, 유튜브, 구글 메일 서비스 등 자사가 개발한 온갖 프로그램이 바탕화면에 표시되도록 계약했습니다. 이로 인해 구글은 안드로이드 스마트폰을 사용하는 세계 수십억 명의 사람을 구글 검색이나 유튜브 이용자로 확보하면서 막대한 광고 수입을 올릴 수 있게 되었습니다.

제조 기술이 상향 평준화되면서 스마트폰을 누구나 만들 수 있게 되자 스마트폰 제조업체는 적자를 면하지 못하게 되었습니다. 하지만 운영 체제를 장악한 구글은 애플리케이션 판매와 유튜브 등 웹 사이트의 광고 수입을 통해 막대한 이익을 거두어들이고 있습니다.

실리콘밸리 창업의 원조, 애플의 CEO 스티브 잡스

1955년 2월 스티브 잡스는 캘리포니아주 샌프란시스코에서 태어났습니다. 1974년 잡스는 대학을 중퇴하고 비디오 게임 업체인 아타리Atari에 입사해 게임 개발에 나섰지만 별다른 두각을 드러내지는 못했습니다.

1976년 4월 잡스는 스티브 워즈니악Steve Wozniak과 함께 컴퓨터 제조 회사 애플을 설립하고 자신의 집 차고에서 개인용 컴퓨터 제작에 나섰습니다. 당시 대기업이나 정부 기관의 전유물이었던 컴퓨터가 머지않아 일반 가정집에도 보급될 것이라고 판단하고 적정한 가격과 성능을 갖춘 PC 제작에 주력했습니다.

1976년 6월 잡스는 '애플Ⅰ'이라는 세계 최초의 PC를 개발해 판매했습니다. 수작업으로 생산한 200여 대를 판매해 이익을 8,000달러 남겼습니다. 이를 바탕으로 신제품 개발에 나서 1977년 4월 '애플Ⅱ'를 시장에 내놓았습니다. 애플Ⅱ는 뛰어난 성능에다 매끈한 디자인을 갖춰 폭발적인 인기를 끌었습니다.

1978년 7,600대가 판매된 애플Ⅱ는 1980년 7만 8,000여 대를 팔아 판매량이 10배 이상 늘어났고, 1982년에는 30만 대를 넘게 팔 정도로 대박 행진을 이어 갔습니다. 1980년 애플이 뉴욕 증시에 상장되자 창업주 스티브 잡스의 재산은 2억 달러 이상 불어나 25살에 미

애플이 개발한
초기 형태의 PC

국에서 억만장자가 되었습니다. 애플이 PC 시대를 열자 당시 기업용 컴퓨터 시장을 장악하고 있던 세계 최대 컴퓨터 업체 IBM은 PC 시장에 군침을 흘리기 시작했습니다.

1981년 IBM은 자사 최초의 PC인 'IBM PC'를 출시해 소비자의 큰 호응을 얻었습니다. IBM은 세계 최초로 PC를 개발해 독보적인 이미지를 구축하고 있던 애플을 누르기 위해 설계 기술을 공개하는 승부수를 던졌습니다. 잡스는 애플 컴퓨터의 설계 기술을 감추기에 급급했지만 IBM은 다른 업체도 IBM과 동일한 성능의 PC를 제작할 수 있도록 설계 기술을 공개했습니다.

IBM이 설계 기술을 공개하자 많은 업체가 IBM형 PC 제작에 나섰고, IBM형 제품은 애플 컴퓨터의 판매량을 앞서게 되었습니다. 이

내 컴퓨터 주변 기기, 응용 소프트웨어 등 컴퓨터의 활용도를 높여주는 다양한 제품이 IBM형 제품용으로 만들어지면서 IBM PC의 시장 점유율은 더욱 높아졌습니다.

애플의 제품 완성도는 IBM 제품보다 높았지만, 잡스가 자사 컴퓨터 운영 체제인 '맥 OS'를 다른 회사와 공유하지 않고 폐쇄적으로 운용하는 바람에 애플은 IBM에 뒤졌습니다. 이후 IBM의 상품명인 'IBM PC'는 PC를 의미하는 보통 명사로 쓰일 정도로 큰 성공을 거두었고, 애플 컴퓨터는 소수의 애호가만이 선호하게 되었습니다.

애플 II 의 성공 이후 뚜렷한 인기 상품을 내놓지 못하고 IBM에 추월당하자, 잡스는 기업 운영을 전문 경영인에게 맡기기 위해 당시 펩시콜라의 CEO 존 스컬리 John Sculley 를 영입했습니다. 스컬리는 코카콜라에 밀리던 펩시콜라를 1등 자리에 올려놓은 뛰어난 경영 능력을 지닌 인물이었습니다.

한솥밥을 먹게 된 두 사람은 처음에는 사이가 좋았지만 시간이 흐를수록 갈등이 깊어지기 시작했습니다. 자기주장이 강하고 직원에게 모욕감을 주는 돌출 행동을 자주 하는 잡스는 주변 사람과 마찰을 빚곤 했는데, 스컬리와의 관계에서도 마찬가지였습니다. 두 사람의 갈등은 결국 자리싸움으로 번졌고 둘 중 하나는 애플을 떠나야 했습니다.

1984년 잡스는 자사 제품에 대한 수요를 과대평가해 막대한 재고를 떠안게 되었습니다. 이로 인해 직원의 20%가 정리 해고되어 애플을 떠나야 했습니다. 이를 잡스를 몰아낼 절호의 기회라고 생각한 스컬리는 경영 위기를 불러온 잡스의 책임을 묻기 위해 이사회를 열어 그를 해임했습니다. 1985년, 잡스는 차고에서 애플을 창업한 지 9년 만에 자신이 만든 회사에서 쫓겨나는 수모를 당했지만 곧바로 또 다른 도전에 나섰습니다.

혁신의 달인 애플, 재기에 성공하다

스컬리는 잡스를 쫓아낸 뒤 여러 가지 신제품을 시장에 선보였지만 내놓는 제품마다 판매 부진에 시달려 회사를 위기로 몰아넣었습니다. 1993년, 결국 스컬리가 애플에서 물러나면서 새로운 CEO를 맞았지만 IBM PC가 시장을 완전히 장악하다시피 해 애플의 경영 상태는 해마다 적자를 면하지 못했습니다. 1996년, 애플의 이사회는 파산 위기에 몰린 회사를 살리기 위한 최후의 방편으로 잡스를 복귀시키기로 결정했습니다.

잡스는 애플을 떠난 뒤에 애니메이션 제작사를 차려 큰 성공을 거두고 있었습니다. 애플로 돌아온 잡스는 회사를 살리기 위해 노력했고, 그 결과 회사의 경영 상태가 조금씩 나아지기 시작했습니다. 잡스는 애플의 새로운 성장 동력을 찾기 위해 고심하던 중 MP3 플레이어*에 주목했습니다.

---

* 음악 파일을 저장해서 휴대하면서 들을 수 있는 기기.

애플 재기의 밑거름이 된
아이팟

　2001년 애플은 '아이팟iPod'이라는 MP3 플레이어를 시장에 내놓아
폭발적인 인기를 얻었습니다. 물론 아이팟이 세상에 등장하기 이전
에도 수많은 MP3 플레이어가 존재했지만, 아이팟은 출시되자마자
단숨에 판매량 1위를 기록하는 성과를 거두었습니다. 아이팟이 짧은
시간에 MP3 플레이어의 정상에 오를 수 있었던 가장 큰 이유는 하
드웨어의 성능이 아니라 콘텐츠의 우수성이었습니다.

　아이팟이 등장한 2000년대 초반만 하더라도 적지 않은 사람이 불
법 사이트를 통해 MP3 음악 파일을 내려받았습니다. 불법 사이트에
서 유통되는 음악 파일의 음질은 천차만별이어서 이용자는 제대로
된 음악 파일을 찾기 위해 적지 않은 시간을 낭비해야 했습니다. 소

비자의 불편을 알아챈 스티브 잡스는 이 문제를 해결할 경우 다른 업체보다 유리한 위치에 설 수 있다고 판단하고 음반 제작사를 찾아다녔습니다.

잡스는 음반 제작사 경영진에게 한 곡당 1달러 정도의 가격에 MP3 음악 파일을 애플의 음원 판매 사이트인 아이튠즈iTunes에 공급해 달라고 요청했습니다. 그의 제안에 음반 제작사의 경영진은 난색을 보였습니다. 그동안 음반 제작사는 개당 10달러가 넘는 음반 CD를 판매하면서 수익을 올려 왔는데, 스티브 잡스가 한 곡 단위로, 그것도 1달러 정도의 저렴한 가격에 음악 파일을 팔라고 제안하자 수입이 감소할 것을 우려한 음반 제작사 경영진은 잡스의 제안을 거절했습니다.

하지만 잡스는 포기하지 않고 계속 음반 제작사를 설득했습니다.

아이팟의 성공을 불러온 아이튠즈

"MP3 형태의 디지털 음원이 대세인 시대에 음반 CD를 고집하는 것은 시대착오적 발상입니다. 1달러 정도의 가격에 음악 파일을 판매하면 그동안 불법 사이트에서 음원을 다운로드하던 사람들이 돈을 주고 음악 파일을 살 것이니, 결과적으로 보면 음반 제작사에도 큰 이익이 됩니다."라고 상대방을 설득했습니다.

음반 제작사가 고음질의 정품 MP3 음원을 저렴한 가격으로 아이튠즈에 공급하자 이를 구매하려는 수요자가 몰려들었습니다. 잡스는 한 곡이 팔릴 때마다 판매 금액의 70%를 음반 제작사에 지급하고 애플은 30%를 가져가도록 했습니다. 잡스의 음원 유료화 정책으로 음반 제작사와 애플 모두 이익을 얻는 상생 관계가 형성되었습니다.

사실 특정 가수가 음반을 발매하더라도 음반 속 모든 노래가 히트하는 경우는 매우 드물며, 대개는 한두 곡 정도만 사랑을 받습니다. 따라서 소비자는 비싼 돈을 지불하며 CD 음반을 구매하기를 망설였는데, 아이튠즈에 접속하면 원하는 곡만 살 수 있기 때문에 좋아하는 노래를 부담 없이 구매했습니다. 이로 인해 음반 제작사는 이전보다 더 많은 수익을 올렸고, 애플 역시 큰 이익을 보았습니다. 아이튠즈로 애플은 MP3 플레이어 시장을 석권하면서 도약의 발판을 만들었습니다.

세상을 바꾼 혁신의 아이콘, 아이폰

2007년 애플은 진정한 스마트폰이라고 평가받는 아이폰을 시장에 내놓으며 또 한 번 세상을 놀라게 했습니다. 아이폰이 등장하기 이전에도 스마트폰이라고 불리던 여러 가지 기기가 있었지만 성능 면에서 소비자를 만족시키기에는 역부족이었습니다. 아이폰에 비하면 조작하기가 힘들고 스마트폰에서 활용할 수 있는 콘텐츠도 많지 않아 활용도가 낮았습니다. 이에 비해 아이폰은 터치스크린으로 손쉽게 작동할 수 있고 수많은 응용 프로그램과 콘텐츠가 있어서 손 안의 컴퓨터나 다름없었습니다.

아이폰의 등장은 새로운 종류의 휴대 전화가 등장한 것을 넘어 인류의 생활 방식을 바꿔 놓았습니다. 스마트폰 사용자는 언제 어디서나 인터넷에 접속할 수 있기 때문에 실시간으로 필요한 정보를 얻을 수 있게 되었습니다. 또한 게임, 음악, 영화 등 그동안 주로 PC에서

스마트폰 시대를 연
아이폰

활용하던 콘텐츠 대부분을 스마트폰에서 사용할 수 있게 됨으로써 이와 관련된 산업이 호황을 맞게 되었습니다. 스마트폰에서 애플리케이션을 팔아 돈을 벌기 위해 수많은 벤처 기업이 세워졌고 새로운 일자리가 만들어졌습니다.

콘텐츠 기업은 애플리케이션이 팔릴 때마다 판매 대금의 70%를 가져갈 수 있기 때문에 아이디어만 좋다면 돈을 벌 수 있었습니다. 이는 예전처럼 기업이 소프트웨어를 팔기 위해 이곳저곳을 돌아다닐 필요 없이, 애플리케이션 마켓에 자사의 콘텐츠를 올리기만 하면 전 세계 수십억 명의 스마트폰 이용자에게 콘텐츠를 팔 수 있기 때문입니다.

스마트폰의 등장은 이를 이용하는 사람들의 생활에 편리함을 주고 새로운 일자리를 만들었지만 기존 PC 업체는 큰 피해를 입었습니다. 스마트폰을 통해 인터넷 검색, 온라인 쇼핑, 영화 감상 등 다양한 일을 다 할 수 있게 되자 예전보다 PC를 사용하는 시간이 줄어들어 PC 판매량이 큰 폭으로 감소했습니다. 이 과정에서 수많은 PC 업체가 문을 닫았고 그동안 PC용 운영 체제인 윈도우로 큰돈을 벌었던 MS 역시 성장의 한계를 맞게 되었습니다.

PC용 운영 체제로 회사를 유지하던 MS는 아이폰이 처음 등장했을 때만 하더라도 잠시 인기를 누리다 사라질 줄 알았습니다. 하지만 스마트폰의 힘은 나날이 강해져 PC를 능가했습니다. MS는 늦게나마 스마트폰용 운영 체제인 윈도우 모바일을 선보이며 애플의 iOS와 구글의 안드로이드를 추격하려고 했으나 이미 두 회사의 시장 점유율이 99%에 달해 파고들 여지가 없었습니다.

2007년 아이폰 등장 이전까지 IT 업계의 절대 강자였던 MS는 스마트폰 시대의 도래라는 시대적 변화를 제대로 감지하지 못해 구글과 애플에게 주도권을 빼앗기며 성장의 한계를 맞게 되었습니다. 이처럼 미래의 변화를 제대로 예측하지 못하거나 잠시 한눈팔 경우 한순간에 몰락하기 십상인 분야가 바로 IT 산업입니다.

정보 기술 산업 발전의 부작용: 개인 정보 유출

1949년 출간된 조지 오웰의 소설 《1984》를 보면 신격화된 지도자 빅브라더(Big Brother)*가 텔레스크린이라는 첨단 기기를 통해 개인의 사생활을 일일이 감시하는 장면이 나옵니다. 국가 권력이나 거대 기업이 국민의 생활을 엿보는 일은 결코 바람직한 일이 아닙니다. 하지만 IT 산업이 발전할수록 개개인의 사생활이 쉽게 노출된다는 문제점이 필연적으로 발생할 수밖에 없습니다.

CIA(미국 중앙 정보국)의 IT 기술자 에드워드 스노든(Edward Snowden)은 2013년 미국 정부가 전 세계를 상대로 전화 통화 감청, 이메일 검사 등 온갖 불법적인 일을 저질렀다고 폭로해 세상을 깜짝 놀라게 했습니다. 이제는 기술의 발달로 다른 사람의 메일을 뒤져 본다든지 통화

---

* 정보를 독점하여 사회를 통제하는 권력 또는 체계.

미국 정부의 무차별적 도청을 폭로한 에드워드 스노든

내용을 엿듣는 일이 쉬워져 수많은 사람의 개인 정보가 유출되고 있습니다.

구글의 경영진 중 한 명인 에릭 슈미트Eric Schmidt가 언론과 한 인터뷰에서 "우리는 당신이 어디 있는지, 어디를 다녀왔는지 훤히 알고 있다. 이를 바탕으로 당신의 생각까지 예측할 수 있는 기술을 갖고 있다."라고 말했을 정도로 구글은 안드로이드 이용자에 대한 방대한 정보를 이미 축적하고 있습니다. 애플 역시 마찬가지로 스마트폰을 사용할 경우 개인 신상 정보를 입력하고 스마트폰이 켜져 있는 동안 자동으로 위치 추적을 할 수 있습니다.

2005년 미국의 유력 일간지 〈뉴욕 타임스〉는 2084년이 되면 구글이 정보 독점을 통해 '빅브라더'가 될 것이라는 우려 섞인 전망을 했습니다. 가까운 미래에 사물 인터넷* 시대가 열리면 자동차, 냉장고, 에어컨 등 다양한 사물에 부착된 센서를 통해 실시간으로 데이터를 주고받을 수 있게 됩니다. 이렇게 되면 구글을 비롯한 IT 기업은 개인에 대한 더 많은 정보를 얻게 되고, 이는 사생활 침해로 이어질 가

---

* 사물에 센서를 부착해 그 데이터를 인터넷으로 주고받는 기술.

능성이 높습니다.

지금도 유럽 각국은 안드로이드 폰이나 아이폰을 사용하는 자국민에 관한 신상 정보가 구글 및 애플을 통해 미국 정부에 넘어가는 것을 우려하고 있으며, 이를 막기 위해 다양한 노력을 하고 있습니다. 2014년 5월 유럽사법재판소는 '인터넷에서 잊힐 권리'를 인정해 필요할 경우 본인에 관한 정보를 인터넷에서 영구히 삭제할 수 있는 권리를 인정해 주었습니다.

IT 산업은 인류 생활에 편리를 가져다준 동시에 사생활 침해라는 심각한 부작용도 가져온 양날의 칼과 같습니다.

★

공익을 위해 Vs.
개인 정보 보호를 위해

2015년 캘리포니아주 로스앤젤레스의 발달 장애인을 위한 복지 시설에 부부 한 쌍이 중화기로 무장한 채 모습을 드러냈다. 이들은 복지 시설 안에 있던 사람을 향해 총기를 난사했고, 내부는 순식간에 피바다로 변했다. 이곳에서 근무하던 대니얼 카프만은 테러를 직감하고 내부에 있던 발달 장애인 4명을 밖으로 대피시키다가 그만 테러범이 쏜 총에 맞고 숨졌다.

테러 진압 부대가 출동할 때까지 부부의 만행은 계속되어 14명이 목숨을 잃고 21명이 크게 다치는 등 이 사건은 캘리포니아 최악의 테러 사건으로 기록되었다. 범인은 파키스탄계 미국인으로, 무슬림이었던 이 부부는 당시 악명을 떨치던 국제 테러 조직인 IS이슬람국가를 추종해 잔혹한 테러를 저질렀다. 테러리스트를 붙잡은 FBI는 이들 부부 외에도 더 많은 무슬림 테러 조직원이 미국에서 활동하고 있다는 사실을 알아내고 머지않아 추가 테러가 일어난다는 사실도 알게 되었다.

FBI는 공범을 찾아내기 위해 범인이 사용하던 아이폰의 잠금을 해제하려고 했지만, 비밀번호를 알지 못해 실패했다. 애플은 아이폰을 출시할 때부터 고객의 정보 보호를 중시해 정부 기관에 협조를 거부해 왔다. 그러나 이 사건은 IS 테러 조직이 약자인 발달 장애인을 대상으로 저지른 만행으로서, FBI는 공익을 위해 애플에게 아이폰의 잠금 해제 협조를 요청했다.

　대니얼 카프만의 의로운 행동과 참혹했던 현장의 모습이 언론을 통해 알려지자 공범을 색출하고 추가 범죄를 막기 위해 애플이 당연히 협조해야 한다는 여론의 분위기가 지배적이었다. 그러나 당시 애플의 CEO_{최고 경}_{영자} 팀 쿡은 고객의 정보를 보호하는 것이 무엇보다도 중요하다고 말하면서 FBI에 협조하기를 거부했다. 이와 같은 애플의 정책에 미국인들은 크게 반발했지만 팀 쿡은 끝까지 회사의 정책을 바꾸지 않았다. FBI는 연방 법원에 아이폰의 잠금 기능 설정을 해제해 달라는 소송을 제기하는 동시에 이 일을 해낼 수 있는 업체를 찾았다.

　애플은 최고의 인재를 동원해 아이폰을 만든 만큼 누구도 아이폰의 잠금 기능을 해제할 수 없다고 확신했다. 그러나 애플의 바람과는 달리 FBI의 의뢰를 받은 이스라엘의 한 업체가 아이폰의 잠금 기능을 해제하는 데 성공해 사람들을 깜짝 놀라게 했다. 소송이 끝나기도 전에 잠금 기능이 해제되자 FBI는 곧바로 소송을 취하했다.

　그동안 애플은 아이폰의 잠금 기능을 해제하는 데 수십 년이라는 시간이 필요할 것이라며 고객을 안심시켜 왔는데 실제로는 며칠 만에 잠금 해제가 가능했다. 애플은 연구원들을 동원해 더욱 복잡하고 정교한 잠금 기능을 내놓았지만 그때마다 이스라엘 업체는 손쉽게 잠금 기능을 풀어내 애플을 당혹스럽게 만들었다.

　개인의 사생활이 중요한지 아니면 공공의 이익이 중요한지를 두고 끊임없이 논란이 제기되고 있지만, 애플은 아이폰 출시 이후 계속해서 개인의 사생활 보호에 더 중요한 가치를 두고 있다.

2장

초고속으로 변화하는

금융 산업

돈에 대한 욕망을 키운 금융 산업의 시작

오늘날 뉴욕의 월스트리트는 세계 금융 산업의 중심으로 자본주의를 지탱하는 심장과 같은 곳입니다. 수익 창출을 위해 전 세계에서 월스트리트로 자본이 몰려들고 있고 이 돈은 앞선 정보력과 뛰어난 능력을 갖춘 월스트리트의 금융 기관에 의해 전 세계의 주식, 부동산, 채권 등에 투자됩니다.

월스트리트의 증권 거래소

지금은 월스트리트가 세계 금융 시장을 쥐락펴락하고 있지만 금융 산업은 17세기 유럽의 소국 네덜란드에서 시작되었습니다. 네덜란드는 영토의 4분의 1가량이 해수면 아래에 있어 제대로 농사를 지을 수 없었습니다. 수시로 바닷물이 농경지로 범람해서 한 해 동안 힘들게 지은 농사를 망치기가 일쑤였기 때문입니다. 이러한 문제를 해결하기 위해 댐을 만들어 바닷물의 유입을 막고 간척지를 확보해 나갔지만 이것만으로는 늘어나는 인구를 부양할 수 없었습니다.

해결책을 찾던 네덜란드는 13세기부터 바다로 눈을 돌려 해상 무역에 나섰고, 17세기에는 세계 최대의 무역 국가로 우뚝 섰습니다. 당시 유럽에서는 후추, 육두구 같은 향신료와 비단, 도자기 같은 중국산 특산품이 선풍적인 인기를 끌고 있었습니다. 하지만 생산지와 거리가 너무 멀다는 문제점이 있었습니다. 아시아에서 유럽인들이 선호하는 상품을 들여오면 최소 10배 이상의 이윤이 남기 때문에 유럽 각국이 아시아를 향해 배를 띄웠지만 돌아오는 선박은 그리 많지 않았습니다.

아시아로 가기 위해서는 대서양과 인도양 등

한때 전 세계를 누비던 네덜란드 무역선

건조에 막대한 비용이 드는 무역선

망망대해를 거쳐야 하는데 당시 주류를 이루던 소형 선박으로는 거대한 바다를 건너기가 쉽지 않았습니다. 장거리 해상 무역의 성공 확률을 높일 방법은 튼튼한 선박을 건조해 무역선 다수가 함께 항해를 떠나는 것이었습니다. 하지만 대형 선박을 건조하는 데는 엄청난 돈이 들어갔습니다. 오늘날에도 원양 무역을 하기 위해서는 수백억 원에서 수천억 원이 필요한데, 그 당시 개인이 큰돈을 부담하기란 쉽지 않았습니다. 그래서 네덜란드 사람들은 주식*을 발행하는 주식회사를 만들어 제반 비용을 충당하고자 했습니다.

1602년 네덜란드 사람들이 동방 진출을 목적으로 동인도 회사라

---

* 주식회사의 자본을 이루는 단위로서의 금액 및 이를 전제로 한 주주권.

주식회사의 형태로 만들어진 동인도 회사

는 주식회사를 만들어 누구나 구입할 수 있는 주식을 발행함으로써
비용 문제가 해결되었습니다. 동인도 회사의 주식은 부유층을 비롯
해 평범한 직장인, 자영업자 심지어 노예도 돈만 있으면 구입할 수
있었고 보유하고 있는 주식만큼 권리를 행사할 수 있었습니다. 이를
테면 어떤 사람이 후추를 수입하기 위해 인도로 출항하는 배에 투자
했다면 배가 무사히 돌아와 큰 이윤을 남길 경우 자신이 보유한 지분
만큼 수익을 챙길 수 있었습니다.

많은 사람이 주식에 투자하면서 동인도 회사는 큰 자본을 모았습
니다. 이로 인해 네덜란드는 영국이나 스페인 등 경쟁국에 비해 훨씬
많은 무역선을 아시아로 보낼 수 있었습니다. 1602년 첫 무역선이 아
시아로 떠난 뒤 200년 동안 5,000회 이상 출항해 향신료, 도자기, 비
단 등 진귀한 상품을 유럽으로 들여왔습니다.

동인도 회사가 설립된 지 1년 만인 1603년 네덜란드의 수도 암스테르담에는 세계 최초로 주식 거래소가 생겼습니다. 이곳에서 동인도 회사를 비롯한 여러 회사의 주식이 활발하게 거래되면서 근대적인 자본주의가 꽃을 피우기 시작했습니다. 암스테르담이 국제 무역의 중심지로 우뚝 서자 유럽 각국에서 상

동인도 회사가 일본에서 수입한 도자기

인과 자본가가 몰려들면서 활발한 교역 활동이 이루어졌습니다.

그런데 암스테르담에 모여든 각국 사람이 제각기 다른 화폐를 사용하다 보니 거래가 자유롭지 못했습니다. 이 같은 문제를 해결하기 위해 암스테르담에 세계 최초로 환전 은행이 등장했습니다. 환전 은행이 각국의 화폐를 네덜란드 화폐인 길더Guilder로 교환해 준 덕분에 교역에 참여하는 사람이 길더를 사용하면서 이전보다 훨씬 편리하게 상거래를 할 수 있었습니다.

시간이 흐르자 환전 은행은 국제 무역을 위해 반드시 필요한 곳이 되었고, 이는 현대식 은행의 시작이었습니다. 머지않아 인근 유럽 국가노 네덜란드 환진 은행을 모방해 본국에 현대식 은행을 설립하면서 네덜란드 금융 시스템은 금융업계의 표준이 되었습니다.

1609년 네덜란드의 동인도 회사 소속 헨리 허드슨Henry Hudson 선장

은 북극을 통해 중국으로 가는 새로운 항로 개척에 나섰습니다. 배가 북극권에 도달하자 거대한 빙하를 만나 길을 잃는 바람에 5개월 동안 바다 위를 표류하게 되었습니다. 허드슨 선장은 장기간에 걸친 표류 끝에 오늘날의 뉴욕에 도착했습니다. 이후 그는 고향으로 돌아와 자신이 발견한 북미 대륙의 존재를 유럽에 알렸습니다.

1621년 네덜란드에는 아메리카 대륙으로 진출하기 위한 서인도 회사가 설립되었고, 이를 계기로 네덜란드인의 북미 대륙 개척이 시작되었습니다. 1625년 오늘날 뉴욕 맨해튼에 상륙한 네덜란드인은 그곳을 뉴암스테르담이라고 부르며 정착촌을 건설하기 시작했습니다.

네덜란드 정착민은 인디언 원주민에게 24달러 상당의 옷감과 장식품을 주고 맨해튼 섬을 사들여 영구적인 정착지를 건설했습니다.

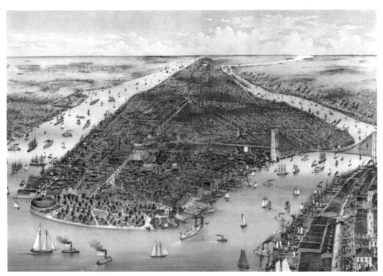

네덜란드인이 개척한 뉴암스테르담

정착민은 인디언의 침략을 막기 위해 맨해튼 섬 북부에 담을 둘렀습니다. 이후 담 안쪽으로 거리가 생겨났고 그 자리는 월스트리트라 불리게 되었습니다.

1620년 영국의 청교도가 미국 땅에 정착하기 시작하면서 영국 사람도 북미 대륙 개척에 나섰지만 이주의 목적은 오로지 종교의 자유를 찾기 위해서였습니다. 따라서 매사추세츠의 영국인 정착촌은 교회가 중심이 되는 경건한 분위기였습니다. 하지만 뉴암스테르담은 돈벌이를 위해 만들어진 곳인 만큼 활발한 무역 활동이 주를 이루었고 종교 색채가 거의 없었기 때문에 자유분방한 분위기였습니다.

뉴암스테르담은 북미와 유럽을 잇는 교역의 중심지로서 번영을 이루었습니다. 1674년 뉴암스테르담을 정복한 영국인들은 그곳의 지명을 뉴욕으로 바꾸었지만 상업 중심지 기능은 그대로 유지했습니다. 뉴욕은 이후에도 계속해서 무역과 금융의 중심지로 발전하면서 20세기 들어서는 세계 최대의 상업 도시로 성장했습니다. 개방적인 네덜란드인이 개척한 뉴욕은 오늘날에도 그 전통이 고스란히 남아있어서 미국에서 가장 국제화된 도시이자 인종 차별이 적은 도시로 명성을 떨치고 있습니다.

튤립 판매를 둘러싸고 벌어진 투기 현상: 튤립 버블 사건

17세기 해상 무역으로 막대한 부를 축적한 네덜란드 사람들은 자신의 부를 과시하기 위해 전념했습니다. 이때 등장한 것이 튤립이었

튤립 열풍에 휩싸였던 네덜란드

습니다. 터키의 야생화인 튤립은 선명한 색채로 사람들의 마음을 사로잡았는데, 튤립 알뿌리가 바이러스에 감염되면 다채로운 색깔의 돌연변이가 생겨나 관상용으로서 잠재 가치가 높았습니다. 부유층의 사치품으로 자리 잡은 튤립은 시간이 흐를수록 많은 인기를 얻으면서 네덜란드 사람의 사랑을 받게 되었습니다.

튤립에 관한 관심이 도를 넘어서자 튤립은 더는 관상용 꽃이 아닌 투기의 대상으로 변했습니다. 희귀한 튤립의 경우 집 한 채 값에 거래되었을 정도로 네덜란드 전체가 튤립 투기 광풍에 휩싸였습니다. 이때 사상 최초로 선물 거래*가 등장하며 투기를 조장했습니다. 튤립을 사고 싶지만 당장 현금이 없는 사람들은 판매자를 찾아가 특정일

---

* 장래의 일정한 기일에 현품을 인수 · 인도할 것을 조건으로 매매 약정을 맺는 거래.

에 돈을 지급하겠다고 약속하고 해당 날짜에 소유권을 인수하는 선물 계약을 맺었습니다.

선물 거래를 이용하면 돈이 없어도 얼마든지 튤립을 구매할 수 있기 때문에 튤립 가격은 비정상적으로 올라갔습니다. 평생 농사밖에 몰랐던 농민도 농지와 소를 팔아 튤립을 사들였을 정도로 튤립 투기는 극심했지만 튤립의 인기는 영원할 수 없었습니다.

1637년 2월 3일 거래소에 매물로 나온 튤립이 하나도 팔리지 않는 이상 현상이 발생했습니다. 네덜란드 사람들이 가지고 있는 돈을 이미 튤립을 사는 데 모두 써 버렸기 때문에 새로 공급되는 튤립을 살 수가 없어서 발생한 현상이었습니다. 이를 기점으로 튤립 가격은 폭락하기 시작했습니다. 집 한 채 가격까지 치솟았던 튤립 가격은 1,000분의 1 이하로 폭락해 튤립은 평범한 꽃으로 전락하고 말았습니다. 튤립에 전 재산을 투자한 무수히 많은 네덜란드 국민은 튤립 가격 폭락과 함께 몰락했습니다.

튤립 가격 폭락으로 경제가 붕괴한 현상을 두고 '튤립 버블 사건'이라 일컫는데, 잘나가던 네덜란드 경제는 튤립 버블 사건의 여파로 영국에 주도권을 내주어야 했습니다.

런던을 중심으로 출발한 현대 금융 산업

1637년 발생한 튤립 버블 사건으로 네덜란드 경제가 심각한 타격을 입자 이를 지켜보던 영국이 네덜란드에 도전장을 내밀었습니다.

영국은 세계 최강 해군력을 앞세워 1652년부터 1674년까지 3차례에 걸쳐 네덜란드와 전쟁을 벌여 마침내 네덜란드를 누르고 해상권을 장악하는 데 성공했습니다.

1688년 영국에서 의회와 왕이 정면충돌하는 명예혁명이 일어나 의회가 승리를 거두면서 왕권이 크게 위축되었습니다. 명예혁명 이전까지만 하더라도 국왕은 막강한 권력을 휘둘렀습니다. 하지만 의회와 벌인 투쟁에서 패배한 뒤 의회의 동의 없이는 세금조차 부과할 수 없는 처지가 되었습니다.

국왕의 권한이 축소되면서 시민의 재산권이 보장되자 런던을 중심으로 금융 산업이 발전하기 시작했습니다. 런던이 국제 금융의 중심지로 떠오르자 암스테르담의 금융 산업은 침체를 벗어나지 못하고

막강한 국력을 등에 업고 한때 엄청난 영향력을 발휘했던 파운드화

몰락의 길로 접어들었습니다. 18세기 후반 영국은 산업 혁명 성공을 계기로 세계 최강 산업 국가 지위에 올라섰고, 금융 산업의 규모 역시 막강해진 경제력에 비례해 확대되었습니다.

19세기 영국이 국제 무역의 40%가량을 차지하면서 런던은 명실상부한 세계 금융 산업의 중심지가 되었으며, 파운드화는 무역 거래의 기준 통화가 되었습니다.

게다가 5대양 6대주에 걸쳐 있던 영국 식민지에 영국 은행이 진출하면서 사상 최초의 글로벌 금융 기관이 탄생했습니다. 1694년 민간 은행으로 출발한 영란은행Bank of England*이 1844년부터 통화량과 환율을 조절하기 시작했는데, 이는 오늘날 중앙은행의 역할입니다.

영국 정부는 영란은행을 중앙은행으로 삼아 세밀하게 통화량과 환율을 조절하며 금융 안정화를 위해 노력했습니다. 이와 같이 영국은 글로벌 금융 기관, 중앙은행 제도를 고안해 내며 현대 금융 제도를 완성했습니다.

1783년 영국에게서 완전하게 독립하는 데 성공한 미국은 금융 시스템을 독자적으로 만드는 대신 네덜란드와 영국의 시스템을 그대로 도입했습니다.

네덜란드 정착민이 개척한 뉴욕의 월스트리트에는 17세기 초 네덜란드에서 시작된 주식 거래소와 유사한 형태의 뉴욕 증권 거래소가

---

* 영국의 중앙은행으로 1946년에 국유화되었다. 영국 은행이라고도 한다.

영란은행을 본 떠 만든 미국의 연방준비은행

들어섰습니다. 포용적이고 개방적인 네덜란드인의 성향처럼 금융 산업 역시 개방화된 시스템을 갖게 되었습니다. 오랜 기간 영국의 식민지였던 미국은 금융 산업에서도 영국의 영향을 받을 수밖에 없었는데 그 대표적인 것이 영란은행을 본떠 만든 미국식 중앙은행인 연방준비은행Federal Reserve Bank 입니다.

독립 직후 미국은 네덜란드와 영국을 모방한 금융 시스템을 가지고 있었으나, 19세기 후반부터 국력이 유럽 강대국을 능가하면서 금융 강국에 올랐습니다.

국채 발행으로 남북 전쟁을 승리로 이끈 월스트리트

1861년 미국에서 남북 전쟁이 일어났을 때 경제적으로 부유한 곳은 남부였습니다. 비옥한 남부 지역에서 대농장을 운영하던 부유한 농장주들은 전쟁이 벌어지자 많은 자금을 내놓으며 전쟁을 유리하게 이끌어 갔습니다. 반면 북부는 전쟁 자금을 마련하지 못해 어려움을 겪었습니다. 북부 지도자였던 에이브러햄 링컨 Abraham Lincoln 은 특단의 대책으로 국채* 5,000만 달러를 발행하기로 하고 월스트리트의 유능한 은행가였던 제이 쿡 Jay Cooke 에게 전권을 위임했습니다.

제이 쿡이 제아무리 능력 있는 은행가라도 당시로는 거액이었던 국채 5,000만 달러를 판매하기란 쉽지 않았습니다. 투자자의 입장에서 볼 때 북부가 전쟁에서 패하기라도 하면 거액을 들여서 구매한 국채가 휴지로 전락할 수도 있기 때문입니다.

당시만 하더라도 국채는 고액이어서 국내외 금융 기관만 국채를 구매할 수 있었지만 제이 쿡은 일반인도 구매할 수 있도록 소액의 국채를 만들었습니다. 제이 쿡은 이를 판매하기 위해 북부 사람들의 애국심을 이용했습니다. 북부 사람이

국채 판매의 귀재 제이 쿡

---

* 국가가 재정상 필요에 따라 국가의 신용으로 설정하는 금전상의 채무, 또는 그것을 표시하는 증서.

국채를 구매하지 않으면 전쟁은 남부의 승리로 돌아갈 것이라고 주장하며 북부의 승리를 위해 국채를 구입해 줄 것을 호소했습니다. 전쟁이 북부의 승리로 끝나면 국채를 산 사람은 원금과 함께 적지 않은 이자를 받을 수 있기 때문에 국채를 사는 것은 결코 손해가 아니라고 강조하며 북부 사람들을 설득했습니다.

제이 쿡의 전략은 적중해 수많은 북부 사람이 국채를 구매했습니다. 처음에는 5,000만 달러가 목표였지만 순식간에 5억 달러 이상의 국채가 판매되며 북부는 전쟁 자금 부족 문제를 해결했습니다. 월스트리트를 중심으로 금융 산업이 발달한 북부는 전쟁 기간에 국채를 팔아 전쟁 비용을 마련했지만 금융 산업이 발달하지 않은 남부는 시간이 흐를수록 자금난에 시달리게 되었습니다.

남부는 농장주들의 자금이 바닥을 드러내자 전쟁을 지탱할 수 없었고 1865년 결국 북부에 항복하고 말았습니다. 전쟁이 끝나자 남부 사람 사이에서는 "우리는 북군에게 진 것이 아니라 북부의 금융 산업에 패한 것이다."라는 말이 돌았습니다. 전쟁 기간에 당시로는 천문학적 금액인 국채 27억 달러가 월스트리트를 통해 북부 사람에게 판매되었는데, 이는 월스트리트의 영향력을 확대하는 계기가 되었습니다. 남북 전쟁이 끝날 무렵, 그동안 세계 무대에서 별다른 주목을 받지 못하던 월스트리트는 런던에 버금가는 세계 2위의 금융 중심지로 도약했습니다.

미국 금융 산업을 세계 제일로 만든 금융 황제 존 모건

1837년 코네티컷주에서 태어난 존 피어폰 모건John Pierpont Morgan은 미국 금융 산업을 세계 제일로 올려놓는 데 결정적인 역할을 한 인물입니다. 은행가 출신 아버지 덕분에 존 모건은 당시 세계 중심이었던 유럽의 스위스, 독일 등지에서 유학하면서 유럽 상류층과 인맥을 만들었습니다. 이후 아버지의 은행에서 사회 첫발을 내디뎠는데, 명문가 출신, 좋은 학벌, 유럽 상류층과 맺은 돈독한 관계는 그를 월스트리트에서 특별한 존재로 만들었습니다.

19세기 후반 미국에는 곳곳에 철도가 놓이고 공장이 들어서는 등 산업 혁명이 한창 진행 중이라 막대한 자금이 필요했습니다. 존 모건은 월스트리트와 유럽에서 자금을 조달해 돈이 필요한 산업가들에게 대출해 주었습니다. 농업 국가 미국이 빠른 속도로 산업화에 성공할 수 있었던 이유는 원활한 자금 조달이 가능했기 때문인데, 여기에는 존 모건의 공이 가장 컸습니다.

1895년 존 모건은 아버지가 죽자 회사 이름을 'JP모건'으로 바꾸고 이전보다 공격적으로 회사를 운영했습니다. 1900년

미국 금융계의 황제가 된 존 피어폰 모건

미국의 국내총생산$_{GDP}$*이 영국을 추월하자 세계 최대 경제 대국의 지위는 미국의 차지가 되었습니다. 이와 함께 금융 산업도 계속해서 발전했습니다.

1901년 3월 존 모건은 세계 최대 철강 제조업체인 카네기철강을 비롯해 여러 철강업체를 14억 달러를 투자해 인수했습니다. 당시 연방 정부 예산이 5억 달러 수준이었던 점에 비추어 볼 때 그의 재력은 정부를 뛰어넘을 정도로 대단했습니다. 존 모건이 월스트리트의 금융 자본을 동원해 철강, 전기, 철도, 에너지 등 돈이 될 만한 기업을 모조리 인수하자 이를 우려하는 목소리가 높았지만 금융 황제의 독주를 막기란 쉽지 않았습니다.

금융 자본 규제에 나선 시어도어 루스벨트

1901년 9월 진보 성향이 강한 시어도어 루스벨트Theodore Roosevelt가 대통령직에 오르자 존 모건에게 유리하던 분위기가 순식간에 바뀌었습니다. 루스벨트는 월스트리트의 금융 자본이 산업 현장을 장악하는 것은 미국 경제의 지속적인 발전에 해가 된다고 판단했습니다. 루스벨트가 임기를 시작한

---

* 일정 기간 동안 한 나라의 영토 안에서 생산된 최종 재화와 서비스의 시장 가치 총액.

20세기 초에는 수많은 중소기업이 대기업의 횡포를 견디다 못해 문을 닫았습니다. 이들 대기업을 월스트리트의 금융 자본이 배후에서 조정했습니다.

루스벨트가 중소기업과 서민 등 사회 약자를 보호하기 위해 월스트리트 금융 자본에 규제라는 칼을 뽑아 들자 존 모건이 발끈했습니다. 그는 백악관으로 찾아가 "월스트리트를 규제하기 전에 자신과 먼저 상의하라."라고 요구했지만 루스벨트는 모건의 요구를 거절했습니다. 루스벨트는 모건을 향해 "월스트리트의 횡포 규제는 대통령의 임무이며 이를 두고 은행가와 상의하는 일은 결코 없을 것이다."라고 말하며 그를 쫓아냈습니다.

1907년 미국에서 이제껏 경험하지 못한 금융 위기가 발생해 국가 경제가 파탄 직전으로 치달았습니다. 경제 위기의 여파로 은행이 줄줄이 파산하자 예금자가 앞다투어 돈을 찾는 바람에 멀쩡한 은행도 연쇄적으로 도산하며 금융 산업 전체가 흔들렸습니다. 금융 위기가 실물 경제에 악영향을 미치며 극심한 경기 침체를 불러오자 루스벨트는 금융 황제 존 모건에게 도움을 청했습니다.

그동안 존 모건은 루스벨트가 거대 자본을 견제하기 위해 휘두르는 철퇴를 맞고 큰 손실을 보았지만, 미국을 구해 달라고 요청하는 대통령의 제안을 흔쾌히 받아들었습니다. 국민이 금융 기관을 믿지 못하는 점이 가장 큰 문제라고 생각한 존 모건은 예금자들을 다시 은행으로 돌아오게 하는 방법을 연구했습니다. 당시 미국인들은 은행을 믿지 못해 돈을 인출해 금고 안에 두거나 침대 밑에 두었는데, 이 돈을 다시 은행으로 가져오지 못하면 금융 산업의 미래가 없었습니다. 겁먹은 은행들도 기업이나 가계를 대상으로 좀처럼 돈을 빌려주지 않아 자금 흐름이 꽉 막힌 상태였습니다.

이 같은 문제를 해결하기 위해 존 모건은 월스트리트를 좌지우지하던 은행가 10여 명을 자신의 사무실로 불러서 자금이 필요한 기업에 대출해 주라고 협박했습니다. 자금난에 시달리고 있던 기업을 도우려면 최소 자금 2,500만 달러 이상이 필요하다고 판단한 존 모건은 이 돈을 은행가들이 내놓을 때까지 자신의 사무실에서 내보내지 않을 작정이었습니다.

존 모건의 회유와 협박에 못 이긴 은행가들은 돈을 내놓기로 했습니다. 금융 시장에 돈이 돌자 경제가 살아나기 시작했습니다. 존 모건은 집에 돈을 쌓아 두고 있던 사람들에게 "앞으로 은행에서 돈을 못 찾는 일은 발생하지 않을 것이며 혹시 그런 일이 발생하면 본인이 모든 책임을 지겠다."라고 약속했습니다. 그동안 미국 경제에 지대한 영향을 미친 존 모건이 수습책을 내놓자 국민이 그의 말을 믿고 다시 은행에 돈을 맡기면서 1907년에 발생한 금융 위기는 가까스로 막을 내렸습니다.

미국은 금융 시장의 지속적인 안정을 위해서는 특정 개인에게 의존할 것이 아니라 좋은 시스템을 갖추는 일이 무엇보다 중요하다고 생각해 영란은행과 같은 중앙은행을 만드는 일에 나섰습니다. 개인

미국의 투자 은행 골드만삭스

의 자유를 최우선 가치로 삼는 미국에서 그동안 정부가 중앙은행을 만들어 금융 시장에 적극 개입하는 일은 금기시되어 왔지만 강력한 금융 위기를 겪고 나자 국민은 마음이 바뀌어 금융 산업의 안정을 이끌어 줄 중앙은행을 원했습니다. 마침내 1913년 12월 미국식 중앙은행인 연방준비은행이 탄생했습니다.

　1914년에 발발한 제1차 세계대전은 미국 금융업체에 절호의 기회를 가져다주었습니다. 연합국은 천문학적인 전쟁 비용 마련을 위해 JP모건에 손을 내밀었고 이 과정에서 JP모건을 비롯한 여러 금융 기업이 큰 이익을 챙겼습니다. 또한 1939년에 일어난 제2차 세계대전으로 유럽의 금융 시장이 붕괴해 유럽 강대국들이 빚더미에 앉게 되자 JP모건을 중심으로 한 골드만삭스Goldman Sachs, 리먼 브라더스Lehman Brothers 등 미국 금융 기관의 시대가 찾아왔습니다.

두 차례 벌어진 세계대전을 계기로 미국의 경제력은 영국이 아니라 서유럽 전체와 맞먹을 정도로 커졌습니다. 이에 발맞춰 미국의 금융 산업도 전 세계를 호령하게 되었습니다.

월스트리트에서 탄생한 세계 최대 규모의 증권 거래소: 뉴욕 증권 거래소

금융 산업에 있어 중요한 것 중 하나가 증권 거래입니다. 1783년 영국에게서 독립한 미국에 최초의 증권 거래소가 등장한 때는 독립 9년 만인 1792년입니다. 미국의 경제 수도 뉴욕에 들어선 증권 거래소의 시작은 미약해 불과 증권 중개인 24명만이 주식과 채권을 거래했습니다. 1865년 남북 전쟁이 끝난 뒤 전후 복구와 철도 부설 등 경제 발전을 위한 다양한 조치로 미국 경제는 폭발적인 성장을 거듭했고 이 과정에서 수많은 기업이 탄생했습니다.

19세기 후반이 되자 스탠더드오일, 카네기철강 등 미국의 산업을 대표하는 초우량 기업이 등장하면서 뉴욕 증권 거래소는 활기를 띠었습니다. 1896년 금융 전문 기자 찰스 다우Charles Dow가 주가의 움직임을 한눈에 파악할 수 있는 '다우 존스 산업 평균 지수(이하 다우 지수)'를 만들어 내면서 일반인도 주가의 흐름을 어렵지 않게 예측할 수 있게 되었습니다.

당시 뉴욕 증시 운영진은 당일 주가를 꼬박꼬박 기록했지만 하루 전 가격과 이틀 전 가격 간에 어떤 상관관계가 있는지 알지 못했습니다. 찰스 다우는 석유, 은행, 철도, 철강 등 각 분야의 대표 우량 기업을 선정해 주가의 평균값을 좌표 평면에 그래프로 표시했습니다. 만약 다우 지수를 구성하고 있는 많은 기업의 주가가 떨어지면 다우 지수는 전날보다 하락하는 그래프를 갖습니다. 기업의 주가가 상승하면 다우 지수의 그래프는 어제보다 오른 모습을 보입니다.

다우 지수는 오늘날 각국에서 활용하는 종합 주가 지수의 원조로 주식 시장이 상승장인지 하락장인지를 그래프를 통해 한눈에 알 수 있도록 보여 주어 주식 투자자에게 큰 도움을 주었습니다.

제1차 세계대전을 계기로 미국이 세계 최고의 경제 강대국으로 올라서자 증권 시장도 활황을 맞으며 주식 투자를 통해 큰돈을 버는 사람이 늘어났습니다. 대박을 꿈꾸는 투자자가 몰리면서 뉴욕 증시는 외형은 비대해져 갔지만 내실에는 문제가 많았습니다.

불투명하게 운영되었던 뉴욕 증권 거래소

당시 뉴욕 증권 거래소는 주먹구구식으로 운영되고 있었습니다. 뉴욕 증시에 상장된 기업은 회사의 실적을 발표할 때 자사에 유리하게 조작하기 일쑤였고 확인되지 않은 정보에 의해 주가가 출렁이는 주식 시장은 투전판이나 다름없었습니다. 멀쩡히 다니던 직장을 그만두고 전업 주식 투자자로 나선 사람과 은행에서 돈을 빌려 주식을 사는 사람도 넘쳐났습니다.

뉴욕 증시는 점점 비정상적으로 과열되었고, 작전 세력*의 주가 조작으로 주가에는 거품이 잔뜩 끼었지만 투자자들은 탐욕에 눈이 멀어 앞으로 닥쳐올 끔찍한 상황을 전혀 예측하지 못했습니다.

1929년 10월 24일 목요일에 주가가 엄청나게 폭락하자 주식 투자자들은 이를 '검은 목요일'**이라 부르며 공포심을 드러냈습니다. 그날 이후에도 주가는 폭락을 거듭해 주식 투자에 나선 수많은 사람이 파산했습니다. 증권 시장의 붕괴는 엄청난 사건이었지만 당시 미국 대통령인 허버트 후버Herbert Hoover는 사태의 심각성을 제대로 파악하지 못했습니다. 그는 주가가 연일 폭락하는 상황에서도 "주가 하락은 좋은 일입니다. 이번 기회에 주식 투기꾼들이 큰 손해를 봐야 정신을 바짝 차릴 것입니다. 60일 이내에 주가가 회복되어 정상으로 돌아올 테니 걱정하지 마십시오."라고 말하며 근본적인 대책 마련에 나서지 않았습니다.

---

* 주식 시장에서 인위적으로 주가를 조작하여 투자하는 집단.
** 1929년 10월 24일, 뉴욕 증권 시장에서 일어난 다우 지수 폭락 사건을 가리킨다.

하지만 뉴욕 증시는 정상으로 돌아오지 않고 폭락을 거듭했습니다. 대공황이 시작되기 전 890억 달러에 달하던 시가 총액*은 150억 달러로 쪼그라들었습니다. 주식을 사기 위해 은행에서 대출받은 사람들이 주가 폭락으로 돈을 갚을 수 없게 되자 돈을 빌려준 은행도 줄줄이 파산했습니다.

경제 위기를 극복한 프랭클린 루스벨트

미국 전역에서 은행 300개 이상이 사라졌습니다.

금융 붕괴를 시작으로 미국 경제는 역사상 최악의 대공황을 겪게 되었습니다. 월스트리트의 고층 건물은 투자에 실패해 파산한 사람들이 투신하는 장소가 되었고 길거리는 일자리를 잃은 실업자로 넘쳐 났습니다.

1933년 제32대 대통령 임기를 시작한 프랭클린 루스벨트Franklin Roosevelt는 신뢰를 잃어버린 금융 시장을 되살리기 위해 국민을 상대로 〈노변정담〉이라는 라디오 방송을 시작했습니다. 루스벨트는 매주 한 차례씩 라디오 방송을 하며 현재 미국이 안고 있는 문제에 관해 솔직히 고백하고 나름대로 해법을 제시했습니다. 그는 자신의 생각

---

* 상장 주식을 시가로 평가한 것. 해당 종목의 발행 주식 수와 주가를 곱한 것으로 그 회사의 기업 가치를 평가할 때 사용한다.

주가 조작의 달인이었던 조지프 케네디

만이 옳다고 고집하지 않고 누구라도 문제에 대한 더 좋은 해법이 있으면 제시할 것을 요청했습니다.

프랭클린 루스벨트가 국민과 진심 어린 소통을 하기 위해 노력하자 국민도 정부의 정책을 신뢰하기 시작했습니다. 은행 파산을 우려해 침대 밑에 두었던 돈은 다시 은행 금고로 들어갔지만 주식 시장은 좀처럼 신뢰를 회복하지 못했습니다.

1934년 프랭클린 루스벨트는 주식 시장의 투명한 관리를 위해 증권 거래 위원회를 만들고 초대 위원장으로 조지프 케네디Joseph Kennedy를 임명했습니다. 조지프 케네디는 뒷날 제35대 미국 대통령이 되는 존 F. 케네디John Fitzgerald Kennedy의 아버지로서 당시 주가 조작으로 악명을 떨치던 사람이었습니다. 프랭클린 루스벨트가 수많은 청렴한 인물을 뒤로하고 문제투성이인 조지프 케네디를 임명하려고 하자 측근들은 '고양이에게 생선을 맡기는 꼴'이라며 격렬히 반대했습니다.

하지만 프랭클린 루스벨트는 주가 조작을 일삼아 왔던 케네디야말로 누구보다 주가 조작의 세계를 잘 알고 있어 이를 막기 위한 대책도 잘 세울 것으로 판단해 임명을 강행했습니다. 프랭클린 루스벨트의 기대에 부응하듯 케네디는 증권 거래 위원회 위원장이라는 막중

한 자리에 오르자 사심을 버리고 오직 국가를 위해 헌신했습니다. 그는 법의 빈틈을 빠짐없이 틀어막아 더는 주가 조작을 할 수 없도록 했습니다.

프랭클린 루스벨트의 노력으로 미국의 금융 산업은 예전의 신뢰를 되찾고 정상으로 돌아올 수 있었으며 제2차 세계대전 이후에는 전 세계를 호령했습니다.

첨단 벤처 기업이 상장되어 있는 특별 주식 시장 나스닥

뉴욕 증권 거래소는 미국을 넘어 세계 최대의 증권 거래소로서 명성을 떨치고 있지만 까다로운 상장 조건 때문에 신생 중소기업에는 그림의 떡이나 다름없습니다. 1960년대부터 실리콘밸리의 첨단 기술 기업들이 성장하면서 뉴욕 증권 거래소에 상장하려고 했지만 높은 진입 장벽을 극복하기란 쉽지 않았습니다.

그런데 1971년 2월 나스닥이 탄생하면서 신생 기업에 나스닥 등록이라는 새로운 기회가 주어졌습니다. 나스닥은 뉴욕 증권 거래소와는 달리 특정 장소가 아닌 인터넷 등 전자 거래를 통해 주식이 매매되는 장외 주식 시장입니다. 나스닥은 등록을 원하는 기업을 위해 문턱을 대폭 낮추어, 창업한 지 1년만 지나면 적자를 보고 있더라도 등록할 수 있게 하였습니다. 나스닥은 미래가 유망한 신생 벤처 기업에게 등록의 기회를 주기 위해 설립되었지만 처음에는 낮은 인지도와 신뢰성 때문에 부진을 면하지 못했습니다. 한 주당 가격이 껌값보

기술 기업이 상장된 나스닥

다 싼 주식이 속출했고, 등록된 기업 중 경영난을 견디다 못해 중간
에 파산하는 회사도 많았습니다.

시간이 흐르면서 나스닥의 존재가 세상에 널리 알려지자 기존에
있던 편견도 점차 줄어들게 되었습니다. 1970년대 세계 최대 반도체
기업 인텔의 나스닥 등록을 시작으로 애플, 마이크로소프트, 야후, 구
글, 페이스북 등 쟁쟁한 기업이 나스닥에 등록하면서 나스닥은 뉴욕
증권 거래소를 뛰어넘는 명성을 갖게 되었습니다. 주식 투자자에게
도 안정적인 주가 움직임을 보이는 뉴욕 증권 거래소보다 하이테크
기업이 주류를 이루어 기업 가치를 더 높게 평가받을 수 있는 나스닥
이 한층 매력적이었습니다.

1999년 나스닥에 등록된 기업의 시가 총액이 3조 2,000억 달러에
이르며 세상을 놀라게 했는데, 이듬해인 2000년 3월 시가 총액이 5조

4,000억 달러로 불어나며 거품 논란이 일어났습니다. 곧바로 인터넷 기업을 중심으로 주가가 폭락하면서 나스닥에 빙하기가 찾아왔습니다. 나스닥은 31개월에 걸쳐 78%나 빠졌으며 수많은 투자자가 큰 피해를 입었습니다. 2001년부터 시작된 나스닥의 몰락은 12년이 흘러서야 겨우 예전의 가격으로 회복되었지만 그동안 많은 투자자가 나스닥을 떠났습니다.

월스트리트를 뒤흔든 금융 사기꾼, 찰스 폰지와 버나드 매도프

1903년 찰스 폰지Charles Ponzi라는 이탈리아 남자가 아메리칸드림을 품고 대서양을 건너 미국에 도착했습니다. 별다른 기술이 없었던 그는 허드렛일을 전전하다가 은행에 취업해 잡일을 했는데, 수표를 훔치다가 적발돼 교도소에 수감되었습니다. 그는 고향에 있는 친척에게 '미국에서 교도소장의 특별 보좌관으로 채용되어 잘살고 있다.'라는 가짜 편지를 보냈을 정도로 거짓말을 잘했습니다.

교도소에서 나온 폰지는 신문에 '40일간 돈을 맡기면 원금의 50%, 90일 동안 맡기면

희대의 사기꾼으로 악명을 얻은 찰스 폰지

원금의 100%를 수익으로 드립니다.'라는 광고를 하며 투자자를 모집했습니다. 이는 정상적인 투자 방식으로는 도저히 이룰 수 없는 일이었습니다. 광고를 낸 폰지 본인조차 과연 몇 명이나 자신의 과장 광고를 믿고 투자할 것인지 의심했지만 의외로 적지 않은 사람이 돈을 들고 찾아왔습니다. 폰지는 신규 투자자의 돈을 받아 기존 투자자에게 수익금 명목으로 나누어 주었는데 손쉽게 돈을 번 사람들이 나타나자 지켜보던 수많은 사람이 몰려들었습니다.

1920년 2월 5,000달러에 불과하던 투자액은 같은 해 6월에는 4억 5,000만 달러로 불어났는데 이는 현재 가치로 300억 달러에 이르는 엄청난 금액이었습니다. 폰지는 약속을 지킬 수 없다는 사실을 알면서도 투자자를 계속 모집했는데, 8월이 되자 그의 사기 행각은 언론의 폭로로 들통이 나고 말았습니다. 수사 기관이 조사한 결과 피해자는 1만 7,000여 명, 피해 금액은 10억 달러에 달해 당시까지 미국 역사상 최대의 금융 사기 사건으로 기록되었습니다.

폰지는 체포된 직후 해외로 빼돌린 투자금을 피해자에게 돌려주는 조건으로 정부와 협상을 벌였습니다. 그 결과 미국에서 처벌을 면하고 이탈리아로 영구 추방되는 것으로 사건은 마무리되었습니다. 이때부터 폰지가 벌인 사기 행각에서 유래된, 신규 투자자의 돈으로 기존 투자자에게 이자나 배당금을 지급하는 방식인 다단계 금융 사기를 '폰지 사기 Ponzi scheme'라 일컬었습니다. 당시 폰지 사기는 미국 사회를 발칵 뒤집어 놓았을 정도로 큰 파장을 불러왔기 때문에 정부는 향후 유사한 일이 발생하지 않도록 엄격한 감독을 했습니다.

하지만 2008년 무려 650억 달러에 이르는 사상 최대 규모의 폰지 사기가 미국에서 다시 발생하면서 사회를 시끄럽게 했습니다. 사건의 주범은 버나드 매도프Bernard Madoff로, 나스닥 증권 거래소 위원장 출신 금융인이었습니다. 나스닥 경영진이라는 높은 사회 지위를 지녔던 매도프를 의심하는 사람은 거의 없었습니다. 매도프는 아무나 투자자로 받아들인 것이 아니라 100만 달러 이상을 투자할 수 있는 극소수 부유층만을 대상으로 투자금을 모았습니다. 또한 좋은 이미지를 쌓기 위해 가난한 사람을 위한 기부와 자선 활동에 적극 나서기도 했습니다.

매도프는 투자 금액 대비 10%라는 고정 수익률을 약속했는데, 이는 2000년대 금융업계의 평균 수익률이 5%에도 미치지 못한 점에 비추어 볼 때 매우 높은 수준이었습니다. 매도프는 과거 폰지처럼 신규 투자자의 돈을 기존 투자자에게 주는 수법을 사용했습니다. 폰지가 사기 행각을 벌일 당시는 미국 내 금융 감독 시스템이 미비했고 일반인들은 금융에 관한 지식이 거의 없었지만, 매도프가 사기 행각을 벌일 때는 상황이 달랐습니다. 2000년대, 금융 산업이 고도로 발달한 미국은 나름대로 완벽

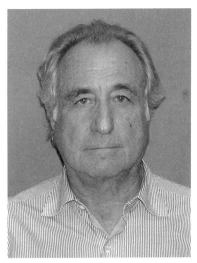

금융 사기로 큰 피해를 입힌 버나드 매도프

한 금융 감독 시스템을 갖추고 있다고 자부하고 있었습니다.

　매도프가 고수익을 미끼로 엄청난 돈을 끌어들이자 월스트리트의 금융 전문가들은 과학적인 분석 방법을 동원해 매년 10%에 이르는 고수익을 내는 일은 합법적으로는 불가능하다고 주장하며 그를 증권 거래 위원회에 고발하기도 했습니다. 하지만 사회 고위층과 끈끈한 인맥을 구축하고 있던 매도프를 건드릴 수 있는 사람은 없었습니다. 신고를 받은 증권 거래 위원회는 형식적인 조사를 했을 뿐 사건의 본질을 파악하지는 못했습니다.

　2008년 12월 매도프가 고객에게 돌려주기로 한 70억 달러를 마련하지 못해 사기 행각이 세상에 드러나지 않았다면 그의 범행은 계속되었을 것입니다. 매도프가 거두어들인 전체 투자금은 사상 최대 금액인 650억 달러였으며 실제 피해액은 180억 달러에 달했습니다. 피해자 중에는 세계적인 영화감독 스티븐 스필버그Steven Spielberg를 비롯한 수많은 유명 인사가 포함되어 있어 세상을 놀라게 했습니다. 더욱 놀라운 사실은 피해자 중에 세계적인 금융 기업이 많이 포함되었다는 점입니다. 일본 최대의 증권사인 노무라 홀딩스Nomura Holdings, Inc., 영국을 대표하는 은행 HSBC, 프랑스 최대 은행 BNP 파리바 등 각국을 대표하는 금융 기관이 막대한 피해를 입었습니다.

모든 상품에 투자해 수익을 올리는 펀드 시대

1929년 경제 대공황 당시 수많은 주식 투자자가 파산하자 일반인

은 주식 시장에 발을 담그기를 꺼렸습니다. 1940년대에 접어들자 뮤추얼 펀드Mutual Fund*라는 새로운 형태의 주식 투자가 인기를 끌며 주식 시장은 다시 예전의 활기를 되찾기 시작했습니다. 펀드란 다수의 사람이 돈을 모아 증권사나 투자 전문가에게 맡긴 뒤 발생한 수익금을 나눠 갖는 방식의 주식 투자를 의미합니다. 펀드가 등장하기 이전까지만 하더라도 '개미 투자자'라 불리는 개인이 각자의 판단에 따라 주식을 거래했지만, 이는 개인 투자자에게 상당히 불리한 환경이었습니다. 증권사, 보험사, 은행 등과 같은 기관 투자자는 정보력과 자금 동원 능력이 개인 투자자보다 훨씬 앞서기 때문입니다.

---

* 투자자가 주식을 매입해 주주로서 참여하고 언제든지 주식의 추가 발행, 환매가 가능한 투자 신탁으로 미국 투자 신탁의 주류를 이룬다.

하지만 일반인의 주식 투자를 대행해 주는 펀드가 생겨나면서 개인 투자자에게 불리한 환경이 크게 바뀌었습니다. 주식, 채권 등 금융 상품에 정통한 금융 전문가가 펀드를 운용하는 펀드 매니저로 활동하면서 개인 투자자의 실패 확률이 크게 낮아졌습니다. 오늘날 미국에서는 직접 주식을 사고파는 개인 투자자의 비율은 10%에 불과하며 투자자의 90% 이상이 펀드를 통한 간접 투자 방식을 취하고 있습니다.

현재 미국에는 1만 개가 넘는 펀드가 존재하며 이를 운용하는 수많은 펀드 매니저가 활동하고 있습니다. 펀드 매니저는 펀드 운용 수익의 일정액을 수수료라는 명분으로 가져가는데, 능력이 출중한 사람은 한 해 수천억 원을 벌기도 합니다. 웬만한 펀드 매니저의 소득이 평범한 직장인의 수십 배에 달하기 때문에 미국에서 펀드 매니저는 똑똑한 젊은이에게 선망의 대상입니다.

2000년대 이후 한정된 인재가 금융 산업에 몰리면서 여러 가지 문제가 발생하고 있습니다. 1960년대 하버드 대학생들은 졸업 뒤 엔지니어, 과학자, 의사 등 다양한 분야에 진출했지만 최근 들어서는 남자 졸업생의 절반가량이 월스트리트에서 일자리를 찾고 있습니다. 한정된 인재가 생산적인 일에 종사하는 대신 날마다 머니 게임Money Game이 펼쳐지는 월스트리트에만 관심을 두는 일은 균형 잡힌 국가 발전에 도움이 되지 않기 때문에 우려하는 목소리가 큽니다.

자본주의 미국 사회에서 직업 선택의 자유를 제한할 수는 없기 때문에 똑똑한 젊은이들의 금융 산업 진출을 막을 방법은 없습니다. 미국의 인재들은 학부 과정에서 무엇을 전공했든지 간에 대학 졸업 뒤 경영 대학원에 진학해 경영학 석사 학위MBA를 받은 뒤에는 금융 기관에 진출하고 있는 것이 현실입니다.

노벨 경제학상을 수상한 마이런 숄즈

　뮤추얼 펀드가 다수의 소액 투자자를 대상으로 공개 모집하는 펀드인데 반해, 헤지 펀드Hedge Fund는 소수의 고액 투자자를 대상으로 돈을 모아 투자하는 것을 말합니다. 또한 뮤추얼 펀드가 주식, 채권 등 비교적 안전성이 높은 상품에 투자하는 데 반해 헤지 펀드는 주식, 채권만이 아니라 파생 상품 등 고위험, 고수익을 낼 수 있는 상품에도 적극 투자합니다.

　1990년대 이후 신자유주의 물결이 세계로 확산되면서 금융 산업 역시 세계화의 물결에 동참했습니다. 1994년 월스트리트의 유명한 채권 전문가 존 메리웨더John Meriwether는 뒷날 노벨 경제학상을 수상하는 시카고대학 경제학과 교수인 마이런 숄즈Myron Scholes와 하버드대학 경제학과 교수인 로버트 머튼Robert Merton 등 쟁쟁한 인물과 함께 헤지 펀드 회사 롱텀캐피탈매니지먼트Long-Term Capital Management(이하 LTCM)를 설립했습니다.

롱텀캐피탈매니지먼트를 설립한 로버트 머튼

이전에도 수많은 헤지 펀드 회사가 존재했지만 LTCM은 새로운 금융 기법을 제시하면서 관심을 끌었습니다.

마이런 숄즈와 로버트 머튼은 오랫동안 학계에 머물면서 원금 손실 없이 고수익을 낼 방법을 연구해 온 사람들이었습니다. 이들이 수학적 방법을 동원해 저위험·고수익 투자 기법을 개발하는 데 성공하면서 금융 산업은 새로운 시대를 맞이했습니다. LTCM은 "이제 금융 상품에 관한 투자는 펀드 매니저가 직관으로 하는 투자가 아니라, 수학적 방법에 따라 산출된 공식에 의한 과학적 투자의 형태로 전환되었다."라고 주장하며 금융 공학의 시대가 열렸음을 선언했습니다.

LTCM에는 경영학 전공자뿐 아니라 수학자, 공학자 등 이공계 출신이 포진하며 금융의 공학화를 이끌었습니다. LTCM은 '동일한 제품은 그 가격이 어떤 통화 단위로 표시되든 동일한 가격으로 판매되어야 한다.'는 '일물일가의 법칙'을 이용해 새로운 금융 기법을 개발했습니다. 어떻게 보면 이는 상식과도 같은 말이지만 현실 세계에서는 시장의 비효율성 등 여러 가지 원인으로 일물일가의 법칙이 들어맞지 않는 경우가 존재합니다.

예를 들어 특정 시점 달러화의 가치는 세계 모든 화폐에 동일하게 반영되어야 하지만 다양한 원인으로 특정 국가의 실제 화폐 가치가 이론적 가치보다 미세하게 높거나 낮은 경우가 발생합니다. LTCM 은 세계에서 저평가된 화폐, 채권, 주식 등 모든 금융 상품에 투자해 수익을 올리는 금융 기법을 개발하여 세상에 선보였습니다.

LTCM은 1994년 창업 이후 3년간 연평균 40% 이상 수익을 올리며 경쟁업체를 깜짝 놀라게 했습니다. 슈퍼컴퓨터까지 동원하는 과학적 투자 기법으로 기록적인 수익률을 올리자 투자자가 줄을 서기 시작하면서 운용하는 자금도 기하급수적으로 늘어났습니다. 기세등등해진 LTCM은 1,000만 달러 이하인 투자는 받지도 않았고 수수료는 다른 곳에 비해 두 배 이상 높게 떼어 갔습니다.

LTCM은 수익을 극대화하기 위해 은행에서 엄청난 금액을 대출받았습니다. 자사 자산은 800억 달러밖에 되지 않았지만 레버리지 효과leverage effect*를 이용해 무려 1조 2,000억 달러나 되는 투자금을 굴렸습니다.

1997년 한국, 타이 등 아시아 국가가 경제 위기를 맞으면서 세계 경제가 요동치자 LTCM은 이를 큰돈을 벌 기회로 여겨 대규모 투자를 감행했습니다. 한창 경제 위기를 겪고 있는 아시아 국가와 러시아

---

* 타인이나 금융 기관으로부터 차입한 자본을 가지고 투자를 하여 이익을 발생시키는 것. 빌린 돈을 지렛대(lever) 삼아 이익을 창출한다는 의미에서 '지렛대 효과'라고도 한다.

의 국채 가격이 폭락한 점에 주목해 이들 나라의 국채를 대량으로 사들였습니다. 자사가 만든 투자 공식에 따르면 지나치게 떨어진 주식이나 국채는 반드시 정상적인 가격을 회복하기 때문에 시간만 지나면 큰돈을 버는 것은 당연하다고 생각했습니다.

그런데 1998년 8월 러시아가 갑자기 채무 상환을 연기하는 모라토리엄moratorium *을 선언하면서 LTCM은 벼랑 끝으로 몰렸습니다. 결국, LTCM은 러시아 투자 실패로 1,200억 달러라는 천문학적인 손실을 입었고 정부의 도움으로 간신히 명맥을 이어 가다가 2000년에 사라졌습니다. LTCM 사태는 100% 안전한 금융 상품은 세상에 존재하지 않는다는 교훈을 남겼습니다.

---

* 외채를 지불할 수 없는 상황을 맞은 국가가 상환 의사는 있지만 일시적으로 채무 상환을 연기하는 것.

리먼 브라더스의 몰락으로 야기된 세계 금융 위기의 시작

1998년 LTCM 사태로 금융업계가 술렁이고 이듬해인 1999년부터 나스닥에 상장되었던 IT 관련 기업이 줄줄이 도산하자 정부는 경제 붕괴를 막기 위해 특단의 대책을 마련해야 했습니다. 1999년 11월 빌 클린턴Bill Clinton 미국 대통령은 금융 규제를 대폭 완화하는 법안을 통과시키며 새로운 금융 질서를 만들고자 했습니다.

클린턴에 의해 새로운 금융 법안이 만들어지기 전까지만 하더라도 미국의 금융 기관은 상업 은행과 투자 은행으로 영역이 엄격히 구분되어 있었습니다. 상업 은행은 예금과 대출 업무만 할 수 있었기 때문에 고객의 예금으로 직접 주식 투자를 할 수 없었습니다. 투자 은행은 투자자의 돈을 모아 주식이나 채권 등 갖가지 금융 상품에 자유

금융 규제를 완화한 빌 클린턴

로이 투자할 수 있지만 예금과 대출 업무를 할 수 없었습니다.

그런데 클린턴이 상업 은행과 투자 은행 사이에 있는 진입 장벽을 없애자 투자 은행의 힘이 막강해지기 시작했습니다. 투자 은행이 상업 은행의 예금을 가져다 쓸 수 있게 되자 주식이나 채권에 투자할 수 있는 돈이 막대하게 늘어났습니다. 더구나 정부가 13차례에 걸쳐 이자율을 1%로 인하하면서 돈을 빌린 미국인의 이자 부담이 크게 줄어들었습니다. 정부가 경기 침체를 막기 위해 소비의 중요성을 강조하면서 소비는 애국이자 미덕이 되어 갔습니다. 유래를 찾기 힘든 초저금리 속에 미국인들은 평균 9개의 신용카드를 돌려 막기하며 소비에 나섰습니다. 게다가 중국으로부터 저가의 상품이 쏟아져 들어오면서 이전보다 풍족한 소비를 할 수 있었습니다.

초저금리는 부동산 시장에도 큰 영향을 미치기 시작해 경제적으로 여유가 없는 사람도 은행에서 돈을 빌려 집을 구매했습니다. 집에 대한 수요가 늘어나자 건설업이 호황을 누리면서 미국 경제의 성장을 이끌어 갔습니다. 부동산 시장 호황으로 집값이 끊임없이 상승하자 상업 은행은 대출 금액을 경쟁적으로 늘렸습니다.

지금까지 상업 은행은 빚을 갚을 능력이 있는 사람을 선별해 집값의 일부만 빌려주었으나 초저금리 기조 속에 부동산 가격 상승세가 지속될 것으로 예측해 직장이나 소득이 없어도 집값의 100%를 대출해 주었습니다. 이로 인해 집을 구매하려는 사람은 돈이 없어도 얼마든지 부동산을 살 수 있었습니다.

신용 평가 회사인 무디스(좌)와 스탠더드앤드푸어스(우)

　상업 은행이 비정상적인 과잉 대출을 일삼을 수 있었던 데에
는 믿는 구석이 있었기 때문입니다. 상업 은행은 부동산 담보 대출
2,000~3,000개를 하나로 묶어 골드만삭스, 메릴린치, 리먼 브라더스,
JP모건 같은 투자 은행에 팔았습니다. 부동산 담보 대출을 받은 사람
은 20~30년에 걸쳐 조금씩 대출금을 갚아 나가지만, 상업 은행은 투
자 은행에 대량으로 부동산 담보 대출을 넘기면서 일시불로 돈을 받
았습니다.

　상업 은행으로부터 부동산 담보 대출을 인수한 투자 은행은 이를
그럴듯한 금융 상품으로 만들어 전 세계에 판매했습니다. 투자 은행
이 전 세계에 판매한 금융 상품에는 돈을 갚을 능력이 없는 사람들
이 상업 은행에서 돈을 빌린 부동산 담보 대출도 상당수 포함되어 있
었지만, 위험성이 거의 없는 안전한 금융 상품으로 둔갑해 날개 돋친
듯 팔려 나갔습니다. 이는 무디스Moody's, 스탠더드앤드푸어스Standard &
Poor's 등 세계에서 명성을 얻고 있던 미국의 신용 평가 회사가 투자 은
행의 금융 상품에 최고 신용 등급을 부여했기 때문입니다.

그동안 미국의 신용 평가 회사는 개별 기업뿐 아니라 국가의 신용 등급까지 매겨 왔습니다. 미국의 신용 평가 회사가 어떤 등급을 매기느냐에 따라 각 기업과 국가의 운명이 갈렸습니다. 높은 신용 등급을 받은 회사나 국가는 국제 금융 시장에서 낮은 이자율로 돈을 빌려 올수 있지만 낮은 등급을 받을 경우 높은 이자를 내야 하거나 아예 돈을 빌리지 못하는 수도 있습니다.

1997년 한국에서 경제 위기가 발생하자 미국의 신용 평가 회사는 일제히 한국의 신용 등급을 큰 폭으로 하향 조정했습니다. 이로 인해 한국 정부와 기업은 외국에서 이전에 비해 훨씬 높은 이자율로 돈을 빌려 올 수밖에 없었습니다. 미국의 신용 평가 회사는 전 세계 정부와 기업에게 저승사자처럼 무서운 존재이지만 자국의 투자 은행에는 사리에 맞지 않는 아량을 베풀어 불량 금융 상품에도 최고의 신용 등급을 부여했습니다.

미국인들은 낮은 이자율 덕분에 부담 없이 대출을 받아 집을 구입했지만, 2006년부터 이자율이 높아지자 대출금을 갚지 못하는 사람이 속출했습니다. 2007년이 되자 미국 경제가 나빠지면서 부동산 가격이 하루가 다르게 떨어지는 동시에 부동산을 사려는 사람은 이전에 비해 크게 줄면서 집값이 폭락하기 시작했습니다. 당시 투자 은행들은 아직 팔지 못한 부동산 담보 금융 상품을 잔뜩 가지고 있었습니다. 그중 상당수가 부실화되면서 투자 은행 대부분이 회복하기 어려

금융 위기를 불러온 부동산 거품 붕괴

운 손실을 보았습니다.

월스트리트의 모든 투자 은행이 정부에 살려 달라고 안달했지만 손실 규모가 막대해 모든 회사를 구제할 수는 없었습니다. 정부는 고심 끝에 가장 많은 부실 채권을 떠안고 있던 리먼 브라더스를 파산시키기로 했습니다. 2008년 9월 15일 158년 전통을 지닌 리먼 브라더스는 파산했으며 당시 이 회사가 갖고 있던 부실 채권의 규모는 무려 6,600억 달러에 달했습니다. 6,600억 달러는 700조 원이 넘는 엄청난 금액으로 그동안 리먼 브라더스에 투자한 수많은 사람이 한순간에 무일푼이 되고 말았습니다.

세계적인 투자 은행인

LEHMAN BROTHERS

부채를 감당하지 못해 파산한 리먼 브라더스

월스트리트를 점령한
시위대

월스트리트에서
항의 시위를 하는 시민

리먼 브라더스의 파산은 전 세계 금융 시장을 얼어붙게 했습니다.

서로를 신뢰하지 못한 전 세계 금융 기관이 거래를 중단하자 돈이 돌지 않으면서 실물 경제에 막대한 타격을 주었습니다. 몸을 잔뜩 움츠린 은행들이 대출을 중단하면서 파산하는 기업이 속출했습니다. 미국 최대의 자동차 회사 GM제너럴모터스을 비롯해 수많은 제조업체가 파산하면서 일자리 250만 개 이상이 사라졌습니다.

미국 정부는 금융 위기가 퍼지는 것을 막기 위해 국민 세금 8,000억 달러를 부실 금융 기관에 지원했습니다. 8,000억 달러는 미국 국민 1인당 2,500달러에 이르는 큰돈으로 이를 부담해야 하는 평범한 미국인들은 분노했습니다. 월스트리트 투자 은행의 경영진들은 정부로부터 구제 금융을 받는 상황에서도 고액의 연봉과 퇴직금을 챙겼습니다.

2011년 9월 수많은 시민이 월스트리트로 뛰쳐나와 '월가를 점령하라.'는 구호를 외치며 정부와 부도덕한 금융 회사를 비난했습니다.

월스트리트에서 시작된 시위는 미국 전역을 비롯해 전 세계로 퍼져 82개국에서 시위가 일어났지만 세상은 바뀌지 않았습니다.

탐욕의 거리, 월스트리트

평상시 월스트리트는 정부의 간섭을 꺼립니다. 정부가 간섭하지 않을 때만 금융 산업이 최고의 효율성을 갖게 된다고 생각하기 때문

월스트리트 출신을 중용한
로널드 레이건

입니다. 하지만 문제가 발생할 경우 월스트리트는 "국가 경제를 위해
정부가 적극적인 구제 금융에 나서야 한다."라며 상반된 주장을 합
니다. 정부는 월스트리트의 요구를 전폭 수용하는데, 이는 두 집단이
친밀한 단계를 넘어 한 몸이나 다름없기 때문입니다.

미국 정부와 월스트리트는 로널드 레이건Ronald Reagan 대통령 시절
부터 밀월 관계를 시작했습니다. 레이건 대통령은 메릴린치 투자 은
행의 회장을 재무 장관으로 임명해 월스트리트의 금융인들이 정부의
정책을 좌우할 수 있는 길을 열어 주었습니다. 이후 권좌에 오르는
대통령 대부분이 월스트리트 출신을 재무 장관이나 금융 관련 부서
의 수장으로 임명하면서 정부 정책은 철저히 월스트리트에 유리하게
결정되었습니다.

미국 정부의 전폭적인 후원 속에 월스트리트의 영향력은 계속 늘
어나 오늘날 뉴욕 증권 거래소와 나스닥에는 전 세계 500대 기업 중

400개 이상이 상장되어 있습니다. 그리고 해마다 1조 달러가 주식 투자를 위해 월스트리트로 흘러 들어오고 있습니다. 미국 가정의 3분의 1 이상이 월스트리트 금융 기관에 투자해 재산 증식에 나서고 있습니다.

과거 주식과 채권 위주로 투자하던 월스트리트는 더 많은 수익을 위해 석유, 콩, 옥수수 등 온갖 상품을 투기의 대상으로 삼으며 물의를 일으키고 있습니다. 콩이나 옥수수 같은 곡물의 경우 예전에는 실수요와 공급에 따라 가격이 결정되어 풍작이 되면 값이 내리고 흉작이 되면 값이 올랐습니다. 하지만 2000년대 이후 곡물 시장에 투기 세력이 본격적으로 유입되면서 국제 곡물 가격은 실수요자가 아니라 투자자가 얼마나 몰리느냐에 따라 결정되었습니다.

곡물이 하나의 금융 상품처럼 다뤄지자 전 세계 가난한 사람들이 고통받기 시작했습니다. 주식 가격이 오르면 투자자 모두에게 즐거운 일이지만 곡물 가격이 오르면 아프리카와 아시아의 빈민은 굶어 죽어야 합니다. 월스트리트와 아무런 상관도 없는 개발 도상국의 빈민이 금융업체의 탐욕으로 고통받는 모순된 상황이 전개되고 있습니다.

또한 금융 산업의 비대화는 미국 내 극심한 빈부 차이의 원인이 되고 있습니다. 19세기 말에도 미국의 빈부 차이는 오늘날처럼 심각했습니다. 존 록펠러, 앤드류 카네기Andrew Carnegie, 존 모건 같은 독점 재벌이 미국 내 부를 독점하고 있었기 때문입니다. 하지만 이들 독점

재벌은 수많은 일자리를 만들어 내고 미국의 제조업을 세계 최고 수준으로 끌어올리는 데 지대한 공을 세웠습니다.

이에 반해 오늘날 월스트리트의 잘나가는 펀드 매니저는 일자리 창출과는 그다지 관련이 없습니다. 최고 펀드 매니저가 연간 수천억 원을 벌더라도 본인과 주변 몇몇 사람만 혜택을 볼 뿐, 미국 경제 전체에 미치는 영향은 그리 크지 않습니다. 한정된 부가 산업 현장으로 흘러 들어가지 않고 월스트리트의 머니 게임에 동원되는 것은 바람직하지 않기 때문에 지난 2011년 수많은 미국인이 월스트리트에 모여 시위를 했지만 비대해진 월스트리트를 견제할 수 있는 세력이 존재하지 않는다는 사실만 증명되었습니다.

거의 모든 대선 후보가 선거철마다 월스트리트를 규제하겠다는 공약을 내세우며 표심을 자극하지만 당선된 뒤 단 한 번도 공약을 이행한 적이 없습니다. 이는 월스트리트가 해마다 많은 정치 자금을 후원금이라는 명목으로 정치권에 뿌리기 때문입니다. 정치인들은 월스트리트가 주최하는 토론회에 참석한 대가로 수십만 달러를 받는데, 이런 행동은 사실상 뇌물 수수나 다름없지만 미국 사회에서는 하나의 관례처럼 받아들여지고 있습니다. 엄청난 재력을 지닌 월스트리트의 금융인과 막강한 권력을 손에 쥔 워싱턴 D. C.의 정치인이 끈끈한 공생 관계를 유지하며 미국 사회의 기득권층으로 자리 잡고 있습니다.

월스트리트의 상징인 돌진하는
황소상과 두려움 없는 소녀상

1989년 12월 15일 밤, 세계 금융 산업의 심장인 뉴욕 증권 거래소 앞에 젊은이 30명이 나타나 높이 3.4m, 무게 3.2t*인 금속으로 만든 황소상을 두고 사라졌다. 뉴욕 증권 거래소는 미국을 상징하는 주요 건물이었던 만큼 경찰의 경비가 삼엄했다. 그런데도 젊은이들은 거대한 황소상을 5분 만에 설치하고 감쪽같이 자취를 감추었다. 뉴욕시는 허락도 받지 않고 황소상을 두고 간 범인을 찾기 위해 나섰다. 황소상을 두고 간 사람은 조각가 아르투로 디 모니카였다. 디 모니카는 자신이 황소상을 만든 이유를 언론을 통해 설명했다.

1987년 10월 19일 월요일, 뉴욕 증시의 다우 지수가 하루 만에 23%나 떨어지는 역사상 최악의 주가 폭락이 벌어졌다. 이날을 두고 '검은 월요일'이라 불렀다. 이후로도 미국 경제가 좋지 않아 주가는 약세를 면하지 못했고 미국인의 미래에 대한 불안감은 커져만 갔다. 조각가 디 모니카는 곤경에 처한 미국 경제와 주가가 회복되어 미국인이 자신감을 찾기를 기원하는 마음에서 힘차게 돌진하는 황소상을 뉴욕 증권 거래소 앞에 설치했다고 말했다. 뉴욕시는 거대한 황소상이 사람들이 오가는 데 방해가 된

---

* t(톤)은 무게 단위로 1t은 1,000kg이다.

황소상과 소녀상

다고 생각해 철거하려고 했다. 하지만 머리를 힘차게 위를 향해 추켜올리는 황소처럼 주가가 오르기를 바라는 많은 사람이 황소상을 없애지 않기를 바랐다. 뉴욕시는 시민의 뜻을 거역할 수 없어 황소상을 없애는 대신인근의 브로드웨이로 옮겼다.

시간이 흐르자 황소상은 뉴욕을 대표하는 상징물로 자리 잡았다. 황소상을 만지면 행운이 찾아온다는 소문까지 퍼지자 뉴욕을 방문한 사람들이 황소상을 만지면서 기념사진을 찍는 것이 의례가 되었다. 뉴욕의 명물로 자리 잡으면서 하루에도 방문객 수천 명과 사진을 찍는 스타가 된 황소상에게 뜻밖의 위기가 찾아왔다. 2017년 3월 조각가 크리스틴 비스발이 세계 여성의 날을 맞아 남녀평등을 기원하는 마음에서 '두려움 없는 소녀상'을 황소상 앞에 두었기 때문이다.

이전에 비해 미국 여성의 지위는 크게 향상되었지만 금융 산업은 여전히 남성의 독무대나 다름없다. 금융 기관의 평사원 중 여성이 일정 부분을 차지하고 있지만 위로 갈수록 줄어들어 임원 중 여성의 비중이 극히 미미한 것이 월스트리트의 현실이다.

황소상 앞에 있는 소녀상은 비록 크기는 작지만 두 손을 허리에 올린 채 날카로운 눈초리로 황소를 쏘아보고 있어 황소의 기운을 압도했다. 소녀상 때문에 황소상이 불쌍해 보이는 지경에 이르자 조각가 디 모니카가 발끈했다. 그는 소녀상 때문에 황소상이 보여 주던 역동성이 사라졌다고 주장하며 뉴욕시에 당장 소녀상을 철거하라고 요청했다. 뉴욕시는 소녀상이 황소상과 더불어 뉴욕시의 인기 상징물이 되자 바로 철거하지 않고 한시적으로 1년 동안만 황소상 앞에 두기로 했다. 이후 소녀상은 뉴욕 증권 거래소 앞으로 옮겨졌다.

뉴욕을 상징하던 황소상은 태평양 건너 중국에도 나타났다. 중국은 주가가 많이 올라가기를 기원하며 선전深圳 증권 거래소 앞에 황소상을 설치했다.

3장

세계 경제와 문명의 발전을 이끈

에너지 산업

산업 혁명을 이끈 석탄

인류 발전사는 에너지 발전사라 불릴 만큼 에너지는 인류 생활에 중요한 역할을 해 왔습니다. 인류가 이룩한 고도의 문명 역시 에너지 없이는 유지할 수 없습니다. 과거 인류는 주로 나무를 이용해 난방도 하고 밥도 지어 먹었습니다. 나무를 주요 연료로 사용할 때까지만 해도 국가 간 국력 차이는 인구와 영토 크기에 의해 결정되었습니다. 18세기 후반 영국이 석탄 에너지를 이용하기 시작하면서 에너지 장악력이 패권의 조건이 되었습니다. 현재 석탄은 추정 매장량이 10조t에 이를 만큼 막대한 양이 전 세계에 골고루 매장되어 있습니다.

석탄은 식물이 변형된 것입니다. 보통 식물이 죽으면 습기와 세균에 의해 분해되지만 아주 오래전에 죽은 식물 중 일부는 공기와 접촉이 차단되어 부패가 진행되지 않습니다. 이 상태로 세월이 흐르면 죽은 식물은 이탄泥炭*이라는 물질로 바뀝니다. 발열량이 적으며 연탄의 원료로 쓰이는 이탄은 석탄이 만들어지는 첫 번째 단계에서 생기

---

* 땅속에 묻힌 시간이 오래되지 아니하여 완전히 탄화하지 못한 석탄.

식물에서 비롯된 석탄

는 물질로 층 모양으로 이루어져 있습니다. 엷은 색깔을 띠는 위층은 죽은 나무, 관목, 이끼 등이 옅은 산성수에서 썩어서 만들어지는데 이런 물질이 물이나 그 위에 쌓인 다른 나무 때문에 압축되면 이탄이 됩니다. 이탄이 지하 깊숙한 곳에 묻혀 수백 기압의 압력을 받고 200℃의 열을 받으면 비로소 석탄이 됩니다.

이와 같이 석탄은 수억 년 전의 식물로부터 만들어진 에너지입니다. 그리스인은 B. C. 4세기 이전부터 석탄을 대장간의 연료로 사용했습니다. 중국인도 12세기가 되자 석탄을 가정용 연료로 사용할 만큼 석탄의 효용을 잘 알고 있었습니다. 그러나 이때만 해도 인류는 석탄이 가진 힘을 다 알지 못했고, 석탄은 18세기 후반에 이르러서야 그 진가를 드러냈습니다.

18세기 전반기까지 영국의 과학이 유럽의 다른 나라보다 앞섰다는 증거는 없습니다. 하지만 18세기 후반 영국에서 산업 혁명이 성공한 원인은 엄청난 힘을 지닌 석탄 에너지의 사용 방법을 알았기 때문입니다. 1769년에 스코틀랜드의 기술자 제임스 와트James Watt가 세계 최초로 석탄을 이용한 증기

증기 기관을 만든 제임스 와트

기관을 개발했습니다. 증기 기관은 증기가 지닌 열에너지를 기계적 일 에너지로 변환하는 원동기를 말합니다. 물에 열을 가해 발생시킨 증기의 압력으로 실린더 내의 피스톤을 움직여 동력을 얻는데, 가축이나 인간의 노동력과는 비교할 수 없을 정도로 강력한 힘을 냅니다.

제임스 와트의 증기 기관 덕분에 영국에서 가장 먼저 공장제 기계 공업이 탄생했고, 영국의 산업 생산력은 폭발적으로 늘어났습니다. 영국은 증기 기관을 활용하여 섬유 산업과 제철 공업을 일으켜 최초로 공업 국가를 건설했습니다. 당시 영국을 세계 최강국으로 만든 증기 기관의 연료가 바로 석탄이었습니다. 영국에 풍부한 석탄이 없었다면 증기 기관도 산업 혁명도 없었을 것입니다.

미국에서도 19세기 후반 동부 애팔래치아 산맥에서 대규모 탄광

세상을 바꾼 제임스 와트의 증기 기관

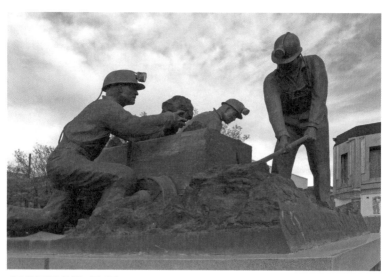

미국 산업 혁명에 불을 지핀 석탄

이 발견되면서 산업 혁명에 불을 지폈습니다. 제철, 화학, 철도 등 미국 중화학 공업의 발전은 석탄이 있었기 때문에 가능했습니다. 애팔래치아 산맥에서 채굴된 석탄이 피츠버그로 이동되어 제철소의 연료로 사용되면서 미국의 철강 산업이 시작되었습니다.

석탄을 사용한 증기 기관을 밀어낸 석유의 등장

선사 시대부터 인류는 석유의 존재를 알고 있었습니다. 석유는 석탄과 달리 막대한 양의 동물 사체에 열과 압력이 가해지면서 만들어졌습니다. 하지만 고대 인류는 석유의 사용법을 잘 몰랐고 연소할 때 검은 연기와 지독한 냄새가 발생해 인기가 없었습니다. 고대인에게 석유란 정체를 알 수 없는 검은 물질에 지나지 않았기 때문에 '죽은 고래의 피, 유황이 농축된 이슬, 악마의 배설물'이라 일컫기 일쑤였습

악마의 배설물로 불린 석유

인류에게 기름을 제공한 고래

니다. 그런가 하면 '역청'이라 불리며 신비롭고 주술적인 마법의 물
질로 여겨지기도 했습니다.

물론 석유의 쓰임새를 찾으려는 노력도 있었습니다. B. C. 3000년
경 메소포타미아 지역에서 석유를 정제할 때 잔류물로 얻어지는 물
질인 아스팔트를 재료로 조각상을 만들거나 건축물의 접착제로 사용
한 기록이 남아 있습니다. 고대 이집트에서는 아스팔트를 미라 제작
에 사용하는가 하면, 석유를 상처에 발라 피부약으로 사용하기도 했
고 복통이 있는 사람에게 빵에 석유를 묻혀 설사약으로 먹이기도 했
습니다.

석유는 어둠을 밝히기 위한 등화용 연료로 처음 전 세계에서 쓰였
습니다. 로마 제국, 페르시아, 인도 같은 국가에서 석유를 조명으로

사용한 기록이 남아 있습니다. 18세기 이후까지만 해도 사람들은 등불용으로 석유 대신 고래기름을 사용했습니다. 그러다가 고래가 바다에서 소멸할지도 모른다는 우려와 함께 고래기름의 가격이 상승하면서 대체 연료를 찾게 되었습니다. 이때 원유를 정제해 얻은 등유가 등화용으로 우수하다는 사실이 알려지게 되었습니다. 19세기 말 등유 램프가 전 세계에 널리 보급되면서 등유는 빠르게 고래기름을 대체했습니다.

미국은 운 좋게도 텍사스를 중심으로 석유가 넘쳐났습니다. 1859년 미국의 석유왕으로 불린 존 록펠러가 미국 중동부의 오하이오주 클리블랜드에서 대규모 유전 개발에 성공하면서 미국에서 석유의 시대가 활짝 열렸습니다.

그는 '스탠더드오일'이라는 석유 회사를 세우고 많은 돈을 투자해 석유를 정제하는 정유 공장을 차렸습니다. 록펠러는 램프용 등유를 팔아

19세기 석유의 시대가 열린 미국

미국의 석유왕 존 록펠러

막대한 돈을 벌었지만, 머지않아 전기라는 강력한 경쟁자가 등장했습니다.

19세기 최고의 발명가라 불리는 토머스 에디슨Thomas Edison이 전기를 발명하자 미국인들은 전기의 편리함에 빠져 등유용 램프를 멀리했습니다.

그사이 독일에서는 그동안 널리 사용되어 온 석탄을 연료로 하는 증기 기관을 밀어내는 발명품 세 가지가 개발되었습니다.

1876년 독일의 니콜라우스 오토Nikolaus Otto가 가솔린*을 연료로 사용하는 내연 기관을 개발하는 데 성공했습니다. 사람들은 이를 오토의 이름을 따서 '오토 엔진'이라고 불렀고 그가 개발한 내연 기관은 오늘날 널리 사용되는 자동차용 가솔린 엔진의 원형이 되었습니다.

1886년 뛰어난 기계 공학자인 카를 벤츠Karl Benz는 오토가 개발한 가솔린 엔진을 더욱 발전시켜 세계 최초로 가솔린 자동차를 만들었습니다. 그러고는 자신이 개발한 세계 최초의 가솔린차에 본인의 이름을 따서 벤츠BENZ라고 이름을 붙였습니다. 벤츠가 만든 가솔린차는

---

* 석유의 휘발 성분을 이루는 무색 투명한 액체.

자동차 시대를 연 가솔린 엔진

뛰어난 성능과 정숙성 때문에 날개 돋친 듯 팔리기 시작했습니다. 내연 기관에 관한 기술 혁신은 여기에서 멈추지 않았습니다.

1894년 루돌프 디젤Rudolf Diesel은 경유*를 사용하는 디젤 엔진**을 개발했습니다. 디젤 엔진이 지닌 높은 열효율에서 비롯된 뛰어난 경제성 때문에 기차나 배에 사용하던 증기 기관이 모두 디젤 엔진으로 바뀌었고 농기계, 각종 건설 기계 등에 디젤 엔진이 사용되기 시작했습니다. 강력한 성능의 디젤 엔진이 대형 선박에 사용되면서 해상 운송에 혁명적인 변화를 불러왔습니다. 세 명의 독일 엔지니어로 인해 석탄을 연료로 사용하는 증기 기관의 시대는 몰락하고 가솔린이나 경

---

* 석유의 원유를 증류할 때 250~350℃ 사이에서 얻는 기름.
** 경유를 연료로 하여 압축, 점화에 따라 작동하는 왕복 운동형 내연 기관.

세계 최초로 가솔린 자동차를 만든 카를 벤츠

디젤 엔진을 개발한 루돌프 디젤

유를 사용하는 내연 기관의 시대가 열렸습니다. 그 덕분에 록펠러의 정유 공장도 간신히 살아났습니다.

세계를 지배한 석유의 시대

19세기가 석탄의 시대라면 20세기는 석유의 시대입니다. 20세기에 접어들면서 석유는 다양한 용도로 활용되기 시작했습니다. 석탄보다 더 많은 에너지를 지니고 있는 석유는 액체이기 때문에 운반이 쉽고 공해 물질도 적게 배출합니다. 연소한 뒤 재가 많이 남는 석탄에 비해 석유는 아무것도 남지 않고 상대적으로 환경 오염도 덜합니다. 자동차, 선박, 항공기 등 오늘날 사람들이 널리 이용하는 교통수단은 석유 덕분에 움직입니다.

석유는 내연 기관을 움직이는 에너지 역할뿐 아니라 제품의 원재료이기도 합니다. 플라스틱, 비닐, 합성 고무, 합성 섬유 등 생활에 필요한 각종 유기 화합물의 주원료는 석유입니다. 또한 농약, 화학 비료 등 농사를 짓기 위해 꼭 필요한 물질도 석유 없이는 만들 수 없습니다. 만약 농사를 지을 때 석유가 없다면 농기계도 움직일 수 없고 비료도 줄 수 없어 농산물 생산량이 급격하게 줄어들게 됩니다. 이처럼 석유가 다방면으로 요긴하게 활용되면서 석유는 현대 문명을 지탱하는 중심축이 되었습니다.

미국은 수백 년간 쓰고 남을 만큼 충분한 석유를 자국 내에 확보하고 있었지만 유럽은 사정이 달랐습니다. 석유가 매장되지 않은 유럽 각국은 석유를 확보하기 위해 혈안이 될 수밖에 없었습니다. 산업화의 선두 주자답게 석유의 진가를 가장 먼저 알아본 영국의 최우선 외교 정책은 안정적인 석유 자원 확보에 맞추어졌습니다. 이 정책에 위협이 되는 모든 세력은 견제의 대상이 되었는데, 바로 독일이 그 대상이었습니다.

산업 혁명의 후발 주자였던 독일 역시 안정적인 석유 확보를 위해 국가 역량을 총동원했습니다. 독일은 본국의 베를린Berlin에서 비잔티움Byzantium(현재의 이스탄불)을 거쳐 이라크의 수도 바그다드Baghdad까지 철로를 놓는 3B 정책을 통해 안정적으로 식유를 조달하려고 했습니다. 당시 세계 최강 해군력을 보유하고 있던 영국이 모든 바다를 지배하고 있었기 때문에 독일은 육지로 석유를 운반하려고 계획했습니다.

그러나 영국은 독일이 중동 지역에서 영향력을 확대하는 것을 원하지 않았습니다. 당시 영국은 중동 지역에 매장되어 있는 막대한 양의 석유를 장악하고 있는 이상, 패권국의 지위를 계속 유지할 수 있다고 계산했기 때문에 독일의 중동 접근을 차단하고자 했습니다. 중동 식민지의 석유를 독차지하려는 영국과 산업화를 위해 중동의 석유가 꼭 필요했던 독일의 이권이 충돌했습니다.

석유 자원을 확보하기 위한 전쟁, 제1차 세계대전

독일은 석유가 한 방울도 나지 않는 나라입니다. 반면 미국은 제1차 세계대전 당시 자국 땅에 석유가 넘쳐 났고 영국과 프랑스는 해외 식민지에서 석유를 강탈해 경제 번영을 누렸습니다. 독일은 산업 생산의 중요한 원료인 석유를 안정적으로 공급하기 위해 동분서주했지만 좀처럼 해결책을 찾지 못했습니다. 이에 독일은 침체를 거듭하는 경제 문제를 해결하고 석유 자원을 확보하기 위해 제1차 세계대전을 일으켰습니다.

당시 유럽의 첫 번째 산유국은 러시아, 두 번째 산유국은 루마니아였습니다. 독일은 전쟁 수행에 필요한 석유를 확보하기 위해 루마니아를 침공했습니다. 독일의 석유 부족 사정을 미리 알게 된 연합군은 루마니아를 향해 진격하는 독일군에게 석유를 넘겨주지 않기 위해 1916년 11월, 루마니아의 남부 왈라키아 평원에 있던 유전에 일부러 불을 지르고 저유고를 폭파했습니다.

거대한 유전 시설은 열흘 만에 완벽히 파괴되었고 독일군이 유전 지대에 도착했을 때는 아무것도 남아 있지 않았습니다. 독일군 기술자들은 유전 시설을 복구하기 위해 전력을 다했지만 전쟁이 끝날 때까지 원상 복구를 할 수 없었습니다. 석유 공급이 중단되자 전함도 전차도 더는 움직일 수 없었던 독일은 연합군에 항복할 수밖에 없었습니다.

석유 봉쇄 작전으로 패한 제2차 세계대전

제1차 세계대전에서 패한 독일의 아돌프 히틀러Adolf Hitler는 복수심에 불타 제2차 세계대전을 일으켰습니다. 히틀러는 과거의 실패를

제2차 세계대전을 일으킨 아돌프 히틀러

반복하지 않기 위해 치밀한 전쟁 준비를 하면서 새로운 전투 방법으로 전격전을 고안했습니다. 전격전*은 막강한 탱크와 고성능 전투기가 한 팀이 되어 빠른 속도로 진격하면서 적군을 섬멸하는 작전으로 기동과 기습을 최대한 활용하는 싸움입니다.

나치 독일의 명장 에르빈 롬멜

전격전은 독일이 보유한 첨단 무기의 파괴력을 극대화할 수 있는 전투 방법이었습니다. 특히 독일군에는 역사상 최고의 군인이라 칭송받는 전격전의 대가인 에르빈 롬멜Erwin Rommel 장군이 연합군과 벌일 일전을 준비하고 있었습니다. 그는 제2차 세계대전이 시작되자마자 전격전을 앞세워 연합군을 격파했습니다. 롬멜이 이끄

* 탱크를 앞세워 신속히 적진을 무너뜨리는 기동 작전.

는 독일 기계화 부대의 진격 속도가 얼마나 빨랐던지 프랑스 침공 시 전투에 패해 도망가는 프랑스군을 앞지르기도 했습니다.

독일은 무기가 아무리 뛰어나더라도 석유가 없으면 고철 덩어리에 불과하다는 것을 제1차 세계대전에서 이미 경험했습니다. 히틀러는 북아프리카의 석유를 확보하기 위해 아프리카 군단의 총사령관으로 최고의 명장 롬멜을 임명했습니다. 당시 북아프리카를 지배하고 있던 나라는 독일의 동맹국인 이탈리아였으나 히틀러는 이탈리아를 믿지 않았습니다. 이탈리아는 제1차 세계대전 때 동맹국이었던 독일을 배신한 전적이 있고, 제2차 세계대전 당시 이탈리아의 지도자 베니토 무솔리니Benito Mussolini가 허세가 심한 사람이었기 때문입니다. 히틀러는 만약 이탈리아가 연합군에 패해 에티오피아, 리비아 같은 자국의 해외 식민지를 잃게 될 경우 무솔리니가 언제든지 독일과 동맹을 파기하고 연합군 편에 설 수 있는 사람이라고 판단했습니다.

롬멜의 군대는 가는 곳마다 연합군의 군대를 거침없이 몰아붙였습니다. 연합군의 전차는 도저히 독일 전차를 당해 낼 수 없었습니다. 특히, 영국의 피해가 막심했습니다. 영국이 자랑하는 최고의 장군들조차도 롬멜의 전격전에 밀려 패배를 거듭했습니다. 영국은 전차전으로는 롬멜의 군대를 막을 수 없다는 사실을 깨닫자, 독일군에 공급되던 석유를 끊어 그들을 꼼짝 못 하게 하려는 계획을 세웠습니다. 영국은 압도적인 해군력을 이용해 독일에서 아프리카로 떠나는 병참 보급선을 침몰시켰습니다. 이 때문에 독일에서 출발한 보급선 세 척

중 겨우 한 척만 북아프리카에 도착할 수 있었습니다.

연료 공급이 중단되자 독일 전차는 고철 덩어리로 변해 꼼짝할 수 없었고, 영국 공군은 융단 폭격으로 롬멜의 전차를 모조리 파괴했습니다. '사막의 여우'라 불리며 불패의 신화를 자랑하던 롬멜이 몰락한 이유가 바로 석유 부족이었을 만큼 원활한 석유 공급은 독일군에게 매우 중요했습니다.

영국은 제2차 세계대전에서 해상을 봉쇄해 독일로 들어가는 석유 유입을 완전히 차단했습니다. 석유 부족으로 벼랑 끝에 내몰린 독일이 당시의 상황을 벗어날 수 있는 유일한 방법은 유럽 최대 유전 지대인 바쿠Baku를 점령하는 것이었습니다. 카스피해에 접한 아제르바이잔의 수도 바쿠는 유럽 최대 유전 지대로 막대한 석유와 천연가스

나치 독일에게 꼭 필요했던 바쿠 유전

를 보유한 곳이었습니다. 하지만 당시 바쿠는 소련의 통치 아래 있었기 때문에 독일군이 바쿠를 공격하게 되면 제2차 세계대전이 일어나기 전에 소련과 맺은 '독소불가침조약'을 위반하게 되어 소련과 벌이는 전쟁이 불가피한 상황이었습니다.

히틀러는 바쿠 유전을 얻지 못하면 석유 부족으로 전쟁을 수행할 수 없었기 때문에 소련과 벌이는 전쟁 지역을 수천 킬로미터나 늘리는 위험을 감수하면서 역사상 최대의 침공 작전을 감행했습니다. 소련의 지도자 이오시프 스탈린Iosif Stalin은 독일의 속내를 꿰뚫고 바쿠 유전을 폭파했습니다.

결국, 바쿠의 석유를 손에 넣을 수 없었던 히틀러는 석유 부족 문제를 해결하기 위해 독일의 과학 기술력을 총동원하여 석탄을 화학적으로 처리해 석유로 바꾸는 기술을 개발했습니다. 하지만 석유를 전쟁에 필요한 만큼 확보하지 못해 또다시 전쟁에서 패하고 말았습니다.

이에 반해 연합군은 미국이 공급한 석유로 차질 없이 전쟁을 수행할 수 있었습니

나치 독일의 공격을 막아 낸 이오시프 스탈린

석유 부족 때문에 전쟁에 패한 나치 독일

다. 미국은 전쟁 기간에 어마어마한 양의 석유를 생산하여 연합군에 석유를 무제한으로 공급해 주었습니다. 만약 미국의 석유가 없었다면 연합군 역시 독일처럼 고전을 면하지 못했을 것입니다. 이와 같이 제2차 세계대전은 제1차 세계대전과 마찬가지로 전쟁의 승패를 가르는 데 석유가 큰 몫을 차지했습니다.

석유를 획득하기 위한 일본의 진주만 공습

독일과 일본은 뒤늦게 산업화에 성공했지만 석유 부족으로 골머리를 앓고 있었습니다. 산업화 이후 일본은 네덜란드령 인도네시아와 미국 캘리포니아에서 석유를 수입했습니다. 미국은 석유 공급을 무기로 사사건건 일본 내정을 간섭했습니다.

미국의 석유 수출 금지 조치에 반발해 일본이 일으킨 진주만 공습

1937년 일본이 중국을 침략하자 미국은 일본군의 철수를 요구했으나 일본이 이를 거부했습니다. 일본의 침략이 노골화되자 미국 정부는 이를 막기 위해 1941년 일본으로 하던 석유 수출을 전면 중단했습니다. 사실 미국이 일본에게 한 석유 수출은 크게 남는 장사였습니다. 캘리포니아산 석유는 텍사스산 석유에 비해 품질이 형편없어서 일본이 아니면 팔 곳도 마땅하지 않은 상황이었습니다.

미국은 석유 수출 중단 조치에 만족하지 않고 일본이 다른 나라에서도 석유를 수입하지 못하도록 해군을 동원해 강력한 해상 봉쇄*를 실시했습니다. 미국의 해상 봉쇄는 큰 효과를 발휘해 일본의 전쟁 수행 능력을 급격히 떨어뜨렸습니다. 석유의 80% 이상을 미국에서 수

---

* 적의 배나 밀수하는 배가 항만에 드나들지 못하도록 해상 교통을 차단하는 것을 말한다.

입하던 일본은 석유 비축량이 6개월 치밖에 남지 않자 석유 확보를 위해 네덜란드령 인도네시아를 침략하기로 했습니다.

1941년 12월 일본군은 하와이 진주만에 주둔한 미국의 태평양 함대를 궤멸시키면 석유 수입을 재개할 수 있으리라는 희망으로 미국을 공격했지만 뜻을 이룰 수 없었습니다. 일본은 미국 태평양 함대를 완전히 궤멸시키지 못한 채 석유가 있는 네덜란드령 인도네시아 유전 점령에 성공했습니다. 하지만 네덜란드 사람들이 본국으로 도망가면서 유전을 모두 파괴했기 때문에 쉽게 석유를 얻을 수는 없었습니다.

본국에 유전 하나 없는 일본은 파괴된 유전 설비를 복구할 만한 기술력이 부족해 시행착오를 겪었습니다. 많은 시간을 들여서 유전을 복구했지만 이번에는 미국의 공격을 받았습니다. 미국 태평양 함대는 인도네시아 유전에서 채굴한 석유를 싣고 일본으로 돌아가는 유조선을 보는 대로 격침했습니다. 이 때문에 일본은 전쟁 기간 내내 만성적인 석유 부족 상태에 있었습니다.

일본은 턱없이 부족한 석유를 대체하기 위해 본토는 물론 식민지에서도 소나무 송진을 강제 채취하여 송유를 제조해 항공기 연료로 사용했습니다. 그러나 일본은 태평양 전쟁 기간에 석유 부족 문제를 해결하지 못했고, 이는 패전의 결정적인 요인으로 작용했습니다.

석유 사업을 독점한 석유 메이저 등장

록펠러의 기업 '스탠더드오일'은 석유 사업을 독점해 폭리를 취했습니다. 록펠러는 부정한 방법을 총동원해 석유 산업에 경쟁자가 등장하는 것을 막았고, 소비자는 비싼 가격에 제품을 구매해야 했습니다. 이를 보다 못한 미국 정부는 초대형 기업이 된 스탠더드오일에 제재를 가하기로 하고 1911년에 독점 금지법 위반으로 기소해 스탠더드오일을 작은 회사 5개로 쪼갰습니다. 록펠러 한 사람에게 미국의 부가 몰리는 것은 전체 미국인에게 바람직하지 않았기 때문입니다.

결국 거대 독점 기업 스탠더드오일은 엑슨EXXON, 모빌Mobil, 텍사코Texaco, 걸프Gulf, 스탠더드오일오브캘리포니아Standard Oil of California로 나뉘었습니다. 이들 5개 미국 기업에 영국의 브리티시페트롤리엄British Petroleum과 네덜란드의 로열더치셸Royal Dutch Shell이 더해져 지구상의 석유를 지배하는 국제 석유 메이저 7개 회사가 등장했습니다.

사람들은 미국과 유럽을 기반으로 한 국제 석유 메이저 7개 회사를

독점 금지법 위반으로 강제 분할된
스탠더드오일

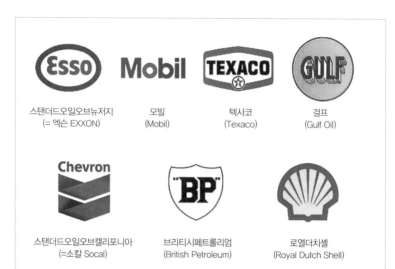

국제 석유 시장을 석권한 세븐 시스터즈

'세븐 시스터즈seven sisters'라고 부릅니다. 이들이 서로 긴밀하게 연결되어 마치 자매처럼 보였기 때문입니다. 1928년 국제 석유 메이저는 국제 석유 카르텔*을 조직하고 향후 모든 분야에서 상호 협력하기로 했습니다. 이들이 말하는 협력은 석유 메이저의 폭리 실현을 위해 석유의 과잉 생산을 억제하고 상호 간에 경쟁하지 않는 것이었습니다.

이때부터 국제 유가와 생산량은 모두 국제 석유 메이저가 정했습니다. 1960년 석유 수출국 기구OPEC가 등장하기 전까지 지구상의 석유는 7대 국제 석유 메이저의 것이라 해도 과언이 아닐 정도로 이들의 힘은 막강했습니다. 이들은 중동 석유의 90%, 전 세계 석유의

* 국제 규모로 활동하고 있는 거대 석유 회사들이 맺은 세계 시장에 대한 현상 유지 협정.

채굴에 많은 돈과 기술이 필요한 석유 산업

70%를 자신의 손아귀에 두고 석유의 탐사, 채굴, 판매까지 석유에 관한 모든 이권을 독차지했습니다. 이처럼 국제 석유 메이저가 미국이나 유럽의 석유뿐 아니라 중동의 석유마저 소유한 이유는 석유 산업의 특성 때문이었습니다.

석유는 땅에 파이프로 구멍을 뚫는다고 나오는 물질이 아닙니다. 석유 산업은 기술과 자본의 결정체입니다. 석유 채굴은 지질학에 대한 이해를 바탕으로 고도의 기술이 필요하며, 석유를 탐사하고 채굴하는 장비는 선진국의 기술이 집약된 최첨단 장비입니다. 또한 석유의 채굴에는 기술뿐 아니라 막대한 자본도 필요합니다. 경제성 있는 유전을 찾는 데는 수억 달러에서 수십억 달러에 이르는 탐사 비용이

들어갑니다. 석유 개발을 위한 자본과 기술을 모두 지닌 곳은 선진국의 국제 석유 메이저밖에 없기 때문에 산유국은 이들이 터무니없이 불리한 개발 조건을 제시하더라도 석유 개발을 위해서 응할 수밖에 없습니다.

국제 석유 메이저는 자신들이 구축한 독과점 시스템을 유지하기 위해 비윤리적 행위도 서슴지 않아 사람들에게서 비난을 받았습니다. 석유와 관련된 전쟁의 배후에는 어김없이 일곱 자매가 자리 잡고 있었습니다. 국제 석유 메이저는 수십 년간 지구상의 모든 기업 중에서 가장 많은 매출과 이익을 냈습니다.

석유 메이저에 대항하기 위한 OPEC의 탄생

석유가 개발되기 이전까지 중동 사람의 생활은 어려웠습니다. 일 년 내내 비가 내리지 않는 사막 기후 탓에 농업용수는커녕 마실 물도 부족한 경우가 많았습니다. 건조한 기후는 사람들을 생존에 급급하게 만들었고, 이런 상황은 국제 석유 메이저와 불공정한 계약을 맺는 계기가 되었습니다.

국제 석유 메이저는 석유의 생산, 정제, 유통을 장악하며 산유국에 아무런 눈치도 보지 않는 무소불위의 권력을 행사했습니다. 이에 반해 산유국은 채굴 감독권도 행사하지 못하고 석유 메이저가 수익금이라고 주는 돈에 만족해야 했습니다. 국제 석유 메이저의 경영진은 수시로 모임을 하고 석유 생산량과 판매 가격을 자신들에게 유리하게 결정했습니다. 그들 뒤에서 영국과 미국이 든든한 방패막이가 되어 산유국 정부에 압력을 가했습니다.

국제 석유 메이저는 산유국의 이익보다 주요 석유 소비국인 선진 공업국에 유리하도록 최대한 유가를 낮게 유지했습니다. 저유가에서도 최대로 이익을 뽑아내기 위해 대규모 유전 개발을 통해 생산량을 늘렸습니다. 국제 석유 메이저의 박리다매 전략 때문에 선진 공업국 사람들은 물보다 저렴한 가격에 한정된 자원인 석유를 사용했습니다. 1950년대 국제 석유 메이저는 세계 원유 생산량의 90%를 차지하며 사실상 석유 자원을 독점했습니다. 그들이 산유국에 보인 태도는 정상적인 거래 관계라기보다 착취에 가까웠습니다.

1959년 국제 석유 메이저는 산유국의 동의 없이 일방적으로 유가를 대폭 인하했습니다. 산유국은 석유 판매 대금이 유일한 수입원이었기 때문에 유가가 갑자기 하락할 경우 국가재정 관리에 문제가 생길 수밖에 없었습니다. 산유국의 석유부 장관들은 회의를 열어 국제 석유 메이저가 유가를 조정할 경우 미리 통보해 달라는 요구를 했습니다.

이듬해인 1960년 국제 석유 메이저는 산유국의 요청을 받아들이지 않은 채 또다시 마음대로 유가를 내렸습니다. 마침내 그동안 쌓여 왔던 불만이 폭발한 산유국들은 석

국제 석유 메이저에
대항하기 위해 결성한 OPEC

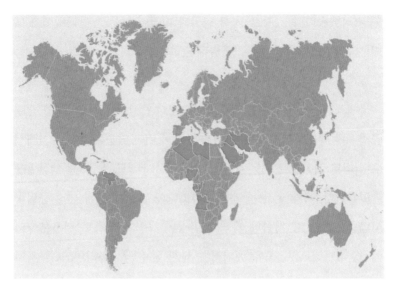

OPEC의 회원 국가

유 메이저의 손아귀에서 벗어나기 위해 뜻을 합치기로 했습니다.

1960년 9월 바그다드에서 이란, 이라크, 사우디아라비아, 쿠웨이트, 베네수엘라 등 5대 석유 수출국이 석유를 통한 수입의 안정적인 확보를 목표로 국제 석유 메이저에 대한 발언권을 강화하기 위해 OPEC_{석유 수출국 기구}을 결성했습니다.

OPEC을 조직한 5개국은 세계 100여 개 산유국 중 일부에 지나지 않지만 석유 매장량이 막대했습니다. 세계 최대 석유 매장 국인 사우디아라비아에만 지구상 석유의 25% 이상이 매장되어 있었고, 다른 국가들도 모두 1,000억 배럴 이상의 매장량을 자랑하는 석유 강국이었습니다. OPEC 회원국이 집단행동에 나서자, 국제 석유 메이저는

세계 최대 석유 매장 국인 사우디아라비아

그제야 사태의 심각성을 깨닫고 다급하게 진화에 나섰습니다. 이들은 그동안 산유국에 전횡을 일삼은 점에 관해 사과하고 앞으로는 일방적으로 유가를 조정하지 않겠다고 약속했습니다. 하지만 산유국은 OPEC을 통해 석유 주도권을 행사하려고 했기 때문에 국제 석유 메이저의 화해 제안을 거절했습니다.

OPEC 설립을 계기로 석유 산업 주도권을 두고 국제 석유 메이저와 중동 산유국이 치열하게 경쟁했습니다. 1970년대 들어 중동 산유국은 국제 석유 메이저가 가지고 있던 석유 채굴권을 회수하며 더욱 영향력을 확대했습니다. OPEC의 유일한 목표는 단 하나, 유가를 최대로 높게 유지해 자국의 이익을 극대화하는 것이었습니다.

세계 경제에 최악의 불황을 야기한 제1차 오일 쇼크

이스라엘의 유대인과 중동의 아랍인은 원래 한 뿌리였습니다. 기독교의 〈성경〉에 따르면 두 민족 모두 이스라엘 민족의 시조인 아브라함의 후손으로 단지 어머니만 다른 이복형제였습니다. 하지만 정식 처의 자식이었던 유대인은 첩의 소생인 아랍인을 동생으로 여기지 않고 이들을 중동의 사막으로 내몰았습니다. 이와 같이 수천 년에 걸친 역사적인 앙금으로 인해 유대인과 아랍인은 서로 극단적인 증오심을 가진 원수가 되었습니다.

지금도 변함없이 유대인과 아랍인은 서로 감정이 좋지 않습니다. 유대인은 아랍인을 게으르고 하찮은 존재로 여깁니다. 단지 석유라는 행운을 만나서 거드름을 피우며 살고 있다고 생각합니다. 이와 반

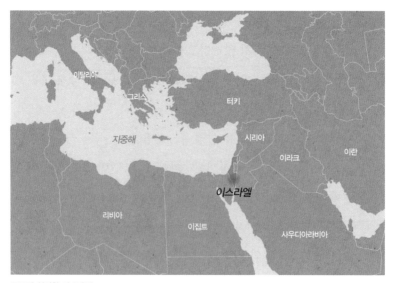

중동에 위치한 이스라엘

대로 아랍인은 자신들이
유대인보다 우월하다고 생
각합니다. 아랍이 이스라
엘보다 땅도 넓고 인구도
훨씬 많기 때문입니다.

두 민족 사이의 고조된
감정 때문에 결국 전쟁이
일어났습니다. 1948년 이
스라엘 건국부터 1973년
10월 제4차 중동전쟁 이전
까지 인구 600만 명인 이
스라엘과 1억 명이 넘는 인

아랍인의 분노를 산 이스라엘 건국

구를 가진 아랍 국가는 전쟁을 세 차례 치렀습니다.

전쟁의 결과는 모두 아랍 국가의 참패였습니다. 중동의 작은 국가
에 지나지 않는 이스라엘이 주변 아랍 국가를 제압할 수 있었던 이유
는 미국의 도움 때문이었습니다. 미국은 아랍 국가가 보유하고 있는
무기보다 뛰어난 성능의 첨단 무기를 이스라엘에 공급해 주었고, 인
공위성을 동원해 아랍 군대의 움직임을 모조리 파악해 이스라엘군에
알려 주었습니다.

1973년 10월 6일 이스라엘과 아랍 국가 간에 벌어진 제4차 중동
전쟁이 시작되자 이번에는 아랍 국가들이 순순히 물러나지 않았습니

다. 아랍의 OPEC 회원국은 이스라엘과 치른 전쟁에서 세 번이나 연달아 패한 모욕을 갚기 위해 석유를 무기화하기 시작했습니다.

전쟁이 일어남과 동시에 OPEC은 이스라엘이 아랍의 점령 지역에서 철수할 때까지 석유 생산량을 매월 5%씩 줄이기로 발표하면서 석유를 정치적으로 악용했습니다. 또한 미국을 포함한 이스라엘을 지지하는 국가에는 석유를 한 방울도 팔지 않겠다고 선언했습니다. 이로 인해 1973년 초, 배럴당 3달러에 지나지 않던 유가는 순식간에 11.7달러로 무려 4배 가까이 폭등했습니다.

사상 초유의 석유 파동은 그동안 싼값에 석유를 안정적으로 공급받던 석유 수입국의 경제에 큰 충격을 던져 주었습니다. 산유국의 석유 무기화 정책 때문에 공급 부족과 유가 폭등이 일어나 세계 경제가

아랍군에 압승을 거둔 이스라엘군

전 세계에 경제 위기를 불러온
오일 쇼크

큰 혼란과 어려움을 겪었습니다. 이를 두고 유류 파동 또는 제1차 오일 쇼크oil shock라 합니다.

유가 폭등은 미국뿐 아니라 세계 경제에 큰 충격을 주었습니다. 그동안 석유는 전 세계 사람들에게 원하는 만큼 소비할 수 있는 값싼 재화였지만, 오일 쇼크 이후 상황이 크게 바뀌었습니다. 석유는 더는 물 쓰듯 사용할 수 있는 재화가 아니라 적지 않은 돈을 주어야만 구입할 수 있는 비싼 재화로 변했습니다.

OPEC의 주도로 유가 인상에 성공하자, 아랍에미리트UAE, 리비아, 나이지리아, 인도네시아, 카타르, 알제리 등 그동안 무관심하던 나라도 OPEC에 가입하며 힘을 보탰습니다. 중동 산유국이 석유라는 이권을 매개로 단결함으로써 세계 최강국 미국도 아랍 국가를 함부로 대할 수 없었습니다. 특히 전 세계 석유의 25% 이상을 차지하고 있는 사우디아라비아에게 다른 어떤 나라보다 깍듯한 대우를 해 주면서 이 나라가 친미 국가로 남도록 했습니다.

제1차 오일 쇼크 이후 석유 산업의 주도권은 국제 석유 메이저에서 OPEC으로 완전히 넘어갔습니다. 세계 최대 산유국인 사우디아라비아는 놀라울 정도로 수완을 발휘해 석유를 다루었습니다. 석유판매 대금을 통해 아랍 국가의 재정을 튼튼하게 만들면서도 유가가 세계 경제에 부담이 되지 않도록 알맞게 조절해 나갔습니다. 또한 막강한 무력을 지닌 미국의 신경을 건드리지 않으면서 OPEC의 석유자원을 통제해 나갔습니다. 사우디아라비아 왕실도 지나친 욕심을 부리지 않고 미국과 하는 협조를 최우선 과제로 삼으며 적정한 유가유지에 힘썼습니다.

1979년 2월 당시 세계 산유국 2위였던 이란에서 극단적인 이슬람주의자 호메이니Khomeini가 주도하는 이슬람 혁명이 일어났습니다. 그동안 이란의 국왕들은 미국과 친밀한 관계를 유지하며 미국에 안정적으로 석유를 공급해 주었습니다. 반미주의자 호메이니는 권력을 잡자마자 앞으로 미국과 그 우방국에 절대로 석유를 수출하지 않겠다고 선언하며 하루 석유 생산량을 500만

극단적인 이슬람주의자 호메이니

배럴에서 200만 배럴로 대폭 줄였습니다.

당시 세계 석유 생산량의 15%를 차지하던 이란이 감산 정책을 선언하고 미국과 그 우방국에 대한 석유 판매를 중단하자 다시 유가가 폭등하기 시작했습니다. 이슬람 혁명 이전에 12달러 수준이던 국제 유가는 몇 달 만에 3배 이상 폭등해 40달러에 육박했습니다. 이를 두고 제2차 오일 쇼크라고 합니다.

세계 경제는 다시 심각한 위기를 맞았습니다. 유가 상승은 전형적인 에너지 과소비 국가인 미국 경제에 심각한 타격을 입혔습니다. 제2차 오일 쇼크 이전까지만 하더라도 휘발유 가격이 매우 저렴했기 때문에 미국 사람들이 차를 고르는 기준은 크기와 힘이었습니다. 도로에서는 소형 차량을 찾아보기 힘들었고 배기량이 3,000cc 넘는 대

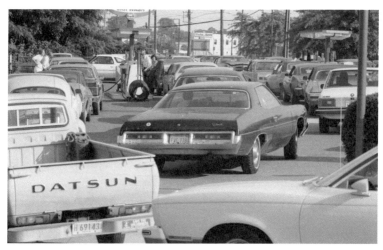

저렴한 휘발유를 찾아 줄 선 차량들

형 자동차들이 휘발유를 대량으로 소모하며 거리를 누볐습니다.

또한 대부분 널찍한 단독 주택에 사는 미국 중산층들은 난방을 위해 많은 난방유를 소비하고 있었습니다. 아파트의 경우 위층이나 아래층이 난방할 경우 온기가 전달되어 난방비를 줄일 수 있지만, 미국식 단독 주택은 홀로 난방을 하기 때문에 에너지 소모가 훨씬 많습니다. 다른 어떤 나라보다 석유를 많이 사용하는 미국 사회는 제2차 오일 쇼크에 큰 충격을 받아 나라 경제가 스태그플레이션stagflation이라는 고통 속으로 빠져들었습니다.

스태그플레이션이란 경기 침체를 의미하는 스태그네이션stagnation과 물가 상승을 의미하는 인플레이션Inflation의 합성어입니다. 즉, 사람들이 경기 침체로 고통받는 가운데 물가가 오르는 이중고를 뜻합니다. 대개 물가 상승은 제품과 서비스에 대한 수요가 왕성할 경우 발생하기 때문에 경기가 좋은 시절에 발생합니다.

이와 반대로 제품과 서비스에 대한 수요가 줄어들 경우에는 판매 부진 때문에 재고가 쌓여서 디플레이션Deflation이라는 물가 하락 현상이 발생합니다.

경기가 좋을 때는 인플레이션이 발생하며, 국가 경제가 정상적으로 운영될 경우 물가 상승은 그다지 문제가 아닙니다. 하지만 경기가 침체한 상황에서 물가가 상승하면 큰 문제를 일으킵니다.

제2차 오일 쇼크로 유가가 폭등하자 석유를 원료로 사용하는 모든 상품의 가격이 동반 상승하며 물가 상승을 불러왔습니다. '석유가 없다면 현대 문명도 없다.'라고 할 정도로 오일 쇼크 당시 석유의 위상은 절대적이었습니다.

석유는 휘발유나 경유 같은 동력용으로 쓰이지만, 석유 대부분은 석유 화학 산업의 원료로 쓰입니다. 나일론이나 폴리에스테르 같은 합성 섬유, 합성 고무, 비닐, 플라스틱 등 생활필수품은 대부분 석유를 이용해 만듭니다. 오일 쇼크가 원인이 된 유가 상승은 많은 생활 필수품의 가격 인상으로 이어졌습니다. 이와 비례해 사람들의 구매력은 급격히 줄어들었습니다.

제2차 오일 쇼크 뒤에 발생한 물가 상승은 수요가 증가해 생긴 정상적인 현상이 아니라, 단지 원자재인 석유의 가격 폭등으로 발생했기 때문에 기존 물가 상승과는 상황이 달랐습니다. 갑자기 물가가 오르자 판매량이 크게 줄었고 회사는 판매 부진에 시달리다 직원을 해고하기에 이르렀습니다. 이 과정에서 실업자가 대거 양산되면서 실업률이 치솟았습니다. 구조 조정의 칼날을 빗겨 간 노동자 대부분도 소득이 줄어들어 국민 전체의 구매력은 계속 낮아졌습니다. 소비자의 구매력 감소로 인한 경기 침체가 지속되자 기업은 구조 조정을 통해 불필요한 인원을 정리했고 실업률은 더욱 높아졌습니다.

제2차 오일 쇼크는 석유 수입국의 물가를 폭등시키고 실업자를 대거 양산하면서 경제에 큰 충격을 주었지만, 산유국은 연간 수천억 달러에 이르는 돈을 주체하지 못했습니다. 엄청난 석유를 보유한 사우디아라비아의 왕족은 자가용 비행기를 타고 유럽으로 쇼핑을 갔고

석유가 발견되기 전까지 유목 국가에 불과했던 사우디아라비아

석유로 막대한 부를 이룬 사우디아라비아

전 세계 명품업체의 주요 고객이 되기도 했습니다. 산유국은 별다른 노력 없이 땅속에서 쏟아져 나오는 석유만으로 호화스러운 생활을 할 수 있었기 때문에 구태여 힘들게 제조업이나 서비스업을 육성할 이유가 없었습니다.

반면, 이제껏 경험해 보지 못한 고유가 시대를 살게 된 미국인들은 에너지를 효율적으로 사용하는 방법을 찾기 시작해 원자력 같은 대체 에너지 개발에 나섰습니다.

미국과 사우디아라비아의 동맹, 소련을 무너뜨리다

사우디아라비아는 산유국 중 유일한 스윙프로듀서swing producer 국가입니다. 스윙프로듀서 국가란 석유 생산량의 조절을 통해 시장의 안정을 꾀할 힘을 가진 국가를 말합니다. 사우디아라비아는 하루 평균 1,000만 배럴 정도 석유를 생산하지만 마음만 먹으면 2,500만 배럴까지 생산량을 늘릴 수 있는 막대한 석유 매장량을 가진 나라입니다. 따라서 사우디아라비아는 생산량 조절을 통해 적정 수준의 유가를 유지하면서 세계 경제의 안정을 도모했습니다. 한편, 최대 우방국인 미국과 함께 정치 목적으로 유가 조절에 나서기도 했습니다.

자유세계의 최대 적이었던 소련은 제조업의 경쟁력 부재로 1960년대까지 만성적인 무역 적지에 시달렸습니다. 변변한 수출품 하나 없던 소련은 부족한 식량난을 해결하기에도 급급해하며 몰락의 길을 걷고 있었습니다. 그러다가 1970년대 초반 서시베리아에서 초대형

미국과 긴밀한 관계에 있는 사우디아라비아

유전이 잇따라 발견되면서 경제 회복을 맞이했습니다. 1970년대 두 번에 걸친 오일 쇼크를 거치면서 하늘 높은 줄 모르고 치솟은 고유가는 소련의 군사력 증강에 날개를 달아 주었습니다. 소련은 넘쳐 나는 달러를 기반으로 1979년 중앙아시아의 이슬람 국가인 아프가니스탄을 침공하기에 이르렀습니다.

아프가니스탄을 점령한 소련은 국경을 접한 이란과 긴밀한 관계를 유지하면서 사우디아라비아를 위협하기 시작했습니다. 이란은 이슬람 세계에서 양대 분파인 시아파의 종주국으로서, 또 다른 거대 종파인 수니파의 종주국인 사우디아라비아와 라이벌 관계였습니다.

중동의 대표 친미 국가 사우디아라비아는 페르시아만_灣*을 사이에 두고 대치 상태 중인 이란이 자국에 위협으로 다가오자, '유가 하락' 이라는 칼을 빼 들었습니다. 1985년부터 대대적인 석유 증산으로 배럴당 30달러가 넘던 석유 가격을 8달러까지 내렸습니다. 사우디아라비아는 하루 200만 배럴가량 생산하던 석유를 5배인 1,000만 배럴 이상으로 생산량을 끌어올리면서 국제 유가를 내렸습니다.

사우디아라비아 국왕은 전형적인 독재자로, 민주주의를 요구하는 사람들을 상대로 무지막지한 탄압을 가했습니다. 사우디아라비아는 국왕을 견제할 언론도 없고 야당도 없는 비민주적 사회였지만, 인권과 민주주의를 강조하던 미국은 이를 눈감아 주었습니다. 미국은 사우디아라비아 국왕의 독재를 묵인하는 대가로 다른 나라에 비해 저렴한 가격에 석유를 우선으로 공급받았습니다.

미국에서 사우디아라비아로 흘러 들어간 막대한 오일 머니_{Oil money}**는 왕실이 미국산 무기를 구입하며 다시 미국으로 돌아왔습니다. 이 과정에서 미국의 군수 산업체는 큰 수익을 올렸습니다. 또한 미국산 무기 구입액의 일정 비율을 리베이트_{rebate}***로 돌려받은 사우디아라비아 왕실은 천문학적인 비자금을 마련했습니다. 이처럼 미국과 사우디아라비아는 석유와 무기를 맞교환하는 등 끈끈한 관계를 지속하며

---

* 영어로는 걸프 만이라 불리기도 한다.
** 산유국이 석유 수출 대금으로 받은 달러.
*** 판매자가 지급받은 대금의 일부를 사례금이나 보상금의 형식으로 지급인에게 되돌려주는 행위.

미군과 사우디아라비아군의 합동 군사 훈련

필요에 따라 서로 돕는 우정을 과시했습니다.

사우디아라비아가 가지고 있던 막대한 석유는 어떤 무기보다 강력한 효과를 발휘했습니다. 당시 소련은 저유가에 대한 준비가 되지 않은 상태라서 꼼짝없이 경제 위기에 직면했습니다. 저유가를 견디다 못한 소련은 1991년 붕괴해 역사의 뒤안길로 사라졌고, 이란 역시 경제난으로 정신을 차릴 수 없는 지경에 이르렀습니다. 이처럼 냉전 시절 사우디아라비아와 미국은 강력한 동맹 관계를 이루어 소련에 대적했습니다. 미국은 사우디아라비아의 석유를 적절히 활용해 총알 한 발 쏘지 않고 소련을 무너뜨렸습니다.

고유가 시대, 도전받는 미국

1990년대 초반에 낮은 가격을 유지하던 유가는 1990년대 중반 이후 중국의 부상과 함께 가파르게 오르기 시작했습니다. 중국은 '세계의 공장'이라 불릴 정도로 해마다 엄청난 양의 제품을 쏟아 내며 막대한 에너지를 소비했습니다. 중국의 왕성한 석유 수요는 1990년대 초반에 10달러에도 못 미치던 유가를 2000년대 초 100달러 이상으로 끌어올리며 이전에는 상상할 수 없던 고유가 시대를 열었습니다.

고유가는 1991년 사회주의 종주국 소련이 몰락한 이후 새로 들어선 러시아에 힘을 실어 주었습니다. 미국인에게 러시아는 과거에 미국과 함께 세계를 호령하던 국가가 아니라, 경직되고 가난하며 부정부패가 만연한 덩치 큰 바보에 지나지 않았습니다. 하지만 중국의 에너지 과다 소비로 인해 국제 에너지 가격이 폭등하면서 러시아에 오일 머니가 밀려들었고, 러시아의 글로벌 파워도 차츰 회복되었습니다.

2000년 러시아 대통령에 취임한 블라디미르 푸틴Vladimir Putin은 막대한 오일 머니를 기반으로 첨단 신무기 개발에 박차를 가하며 미국과 마찰을 빚기 시작했습니다. 또한 송유관과 천연가스 파이프라인을 통해 우크라이나, 폴란드, 독일, 프랑스 등 유럽 여러 국가에 석유와 천연가스를 공급하면서 막강한 영향력을 행사했습니다. 추운 겨울에 러시아가 유럽 국가의 난방용 연료인 천연가스 공급을 중단할 경우, 이를 해결할 방법이 당시에는 없었습니다.

푸틴 대통령은 수시로 유럽을 향해 "러시아의 신경을 건드리면 천

연가스 밸브를 잠가 추운 겨울날 얼어 죽게 하겠다."라면서 엄포를
놓았습니다. 그렇다고 유럽 국가들이 러시아에게서 천연가스와 석유
를 공짜로 공급받는 것은 아니었습니다. 유럽은 시세대로 러시아에
비용을 지급했지만, 전 세계적으로 석유와 천연가스 공급량이 워낙
빠듯해 러시아 이외의 대형 공급처를 찾을 수 없는 상태였습니다.

실제로 2009년 우크라이나가 러시아와 거리를 두려고 하자 이에
대한 보복으로 러시아는 추운 겨울철에 3주간이나 우크라이나로 보
내는 천연가스 공급을 중단했습니다. 이로 인해 4,500만 우크라이나
국민은 혹독한 겨울을 보내야 했습니다. 결국 우크라이나는 러시아
의 모든 요구를 들어준 다음에야 천연가스를 다시 공급받을 수 있었
습니다.

천연가스와 석유를 무기로 삼은 블라디미르 푸틴

고유가를 틈타 부활에 성공한 러시아는 미국의 고민거리가 되었습니다. 러시아뿐 아니라 남미의 반미 국가 베네수엘라도 고유가를 기회로 미국에 덤벼들면서 미국을 곤혹스럽게 했습니다.

과거 남미의 대표 친미 국가였던 베네수엘라는 1999년 극단적인 반미주의자 우고 차베스Hugo Chavez가 대통령에 오르면서 반미 국가가 되었습니다. 차베스는 사우디아라비아에 버금가는 석유 매장량을 무기로 베네수엘라에 진출한 미국 자본을 쫓아내 미국의 심기를 건드렸습니다. 그는 미국 자본을 추방하는 것을 시작으로 주요 산업을 국유화하면서 자본주의 국가인 베네수엘라를 사회주의 국가로 탈바꿈해 나갔습니다.

차베스는 쏟아져 들어오는 오일 머니를 이용해 국민에게 각종 보

남미에 위치한 베네수엘라

철저한 반미주의자 우고 차베스

조금을 지급하며 인기를 끌었습니다. 제조업 기반이 거의 없던 베네수엘라는 자국에서 소비되는 제품 대부분을 정부가 직접 외국에서 수입해 국민에게 원가 이하로 공급했습니다. 차베스의 선심성 정책으로 인해 고유가 상태가 지속되는 동안 그의 인기는 식을 줄 몰랐습니다.

차베스는 인근의 중남미 국가에도 베네수엘라 방식의 사회주의를 퍼뜨리려고 노력했습니다. 인근 국가들을 자신의 편으로 끌어들이기 위해 막대한 달러를 제공하고 석유를 원가 이하로 공급해 환심을 샀습니다. 베네수엘라의 오일 머니에 고개를 숙이는 인근 가난한 중남미 국가가 계속 늘어났습니다. 2014년 국제 유가 하락으로 경제가 타격을 받기 전까지 베네수엘라는 중남미에서 미국과 대등한 지위에 오를 만큼 큰 영향력을 행사했습니다.

이와 같이 고유가는 미국과 험악한 관계를 유지하던 국가에 날개를 달아 주면서 미국의 국익에는 엄청난 악영향을 끼쳤습니다. 그런데 2000년대 들어 미국에서 셰일오일shale oil이 본격적으로 개발되면서 상황이 바뀌기 시작했습니다.

세계 석유 시장의 질서를 바꾼 셰일오일의 시작

1913년 조지 미첼George Mitchell은 그리스 이민자의 후손으로 미국 석유 산업의 중심지인 텍사스에서 태어났습니다. 17세부터 유전에서 일하기 시작한 그는 악착같이 돈을 모아 유전 개발용 땅을 구매했습니다. 운 좋게도 그가 산 땅에서 석유가 발견되어 그는 젊은 나이에 백만장자 대열에 합류했습니다.

1970년대부터 미국의 유정에서 석유 생산량이 급격히 줄어들면서 모두가 미국의 석유 산업이 사양길로 접어들었다고 비관할 때, 조지 미첼은 미국 전역에 흩어져 있는 셰일오일의 가능성에 주목했습니다.

셰일은 땅속 깊은 곳에 있는 진흙이 굳어서 만들어진 암석층으로, 그 안에는 적지 않은 양의 가스와 오일이 갇혀 있습니다. 셰일은 지하 1,500~3,000m 사이에 광범위하게 존재하면서 580억 배럴 이상 석유를 머금고 있지만, 기존 유정처럼 한곳에 집중적으로 매장되어

셰일오일 시대를 연
조지 미첼

있는 것이 아니라 수평으로 넓게 퍼져 있어 채굴하기가 쉽지 않았습니다. 기존 방식인 수직 시추법으로 채굴할 경우 도저히 수지 타산이 맞지 않아 모두가 셰일오일과 가스를 개발하려고 하지 않았습니다.

1980년대 초반부터 조지 미첼은 셰일오일을 개발하기 위해 막대한 연구 개발비를 투자했습니다. 석유 관계자들은 하나같이 불가능한 일을 하고 있다며 비웃었지만 그의 기술 개발에 대한 열정은 17년간 계속되었습니다. 조지 미첼은 1998년 여러 시행착오 끝에 마침내 혁신적인 채굴 방법인 수평 시추법과 수압 파쇄법을 개발했습니다.

셰일오일 채굴을 위해 맨 처음 수직으로 시추관을 내린 다음, 특수하게 제작된 수평 드릴을 통해 수평으로 넓게 펼쳐진 셰일층에 수많은 균열과 틈을 만들어 냅니다. 여기에 물과 화학 약품을 섞은 혼합액을 고압으로 분사하면 압력 때문에 셰일이 부서지면서 그 속에 갇혀 있던 가스와 석유가 시추관을 타고 땅 위로 올라오게 됩니다. 기존의 석유 채굴 방식보다 비용과 시간이 많이 들지만, 1999년부터 국제 유가가 가파르게 오르기 시작하면서 셰일오일은 서서히 경쟁력을 갖추기 시작했습니다.

2007년 국제 유가가 갑자기 배럴당 100달러에 육박하자 셰일오일 개발은 돈벌이가 되는 사업으로 각광받기 시작했습니다. 당시 셰일오일 채굴 비용은 배럴당 50~60달러 정도였기 때문에 국제 유가가 100달러를 넘으면 셰일오일은 충분히 이윤이 남는 고수익 산업이었습니다. 이때부터 미국 전역의 셰일오일이 있는 곳에 사람들이 몰리

미국 곳곳에 들어선
셰일오일 채굴 장비

면서 해마다 생산되는 셰일오일의 양이 폭증했습니다.

셰일오일 채굴 기술을 석유 생산 방식에 도입하면서 효율을 한층 끌어올리기도 했습니다. 채산성이 맞지 않아 생산이 중단된 기존 유정도 저렴하고 간편하게 석유를 뽑아낼 수 있는 셰일오일 기술을 활용하면 충분히 경제성을 갖출 수 있었기 때문입니다.

새로운 에너지 패권국이 된 미국의 셰일오일 혁명

2007년 이전까지만 하더라도 미국의 셰일오일 생산량은 하루 30만 배럴밖에 되지 않아, 전 세계의 하루 석유 생산량 9,000만 배럴에서 차지하는 비중이 미미했습니다. 하지만 셰일오일 생산량이 꾸준히 증가하면서 2014년부터 미국의 전체 석유 생산량은 하루 900만 배럴 이상으로 사우디아라비아와 대등한 수준이 되었습니다.

미국이 셰일오일 생산을 통해 사우디아라비아와 맞먹는 수준의 산유국으로 거듭나자, 기존의 국제 질서가 바뀌기 시작했습니다. 에너지 자립이 가능해진 미국은 예전처럼 석유를 확보하기 위해 중동 산유국에 얽매일 필요가 없었습니다. 미국은 안정적인 석유 자원 확보를 위해 해마다 엄청난 국방비를 지출하면서 석유 운송로인 페르시아만*을 지켜 왔지만 더는 그럴 필요가 없어졌습니다.

셰일오일로 에너지 강국의 위치를 되찾은 미국

석유 수입 비용이 대폭 감소하면서 무역 수지 적자 감소에도 큰 도움이 되었습니다. 셰일오일은 국내적으로도 많은 축복을 가져다주었습니다. 미국 전역에서 셰일오일 개발 붐이 일어나면서 새로운 일자리 수백만 개가 생겨났습니다. 더구나 셰일오일 산업은 이윤이 많은 고수익 업종이기 때문에 많은 임금을 받는 관련 업계 종사자들이 경제 활성화에 큰 기여를 했습니다.

셰일오일 개발 성공에는 미국의 철저한 사유 재산권 보장 풍토도 큰 몫을 했습니다. 산유국 대부분에서는 개인 소유의 토지에서 석유가 발견될 경우 땅속 석유는 모두 국가 소유가 됩니다. 자신의 땅에서 석유가 발견될 경우 쥐꼬리만 한 보상금을 받고 땅을 정부에 내주어야 합니다. 따라서 자신의 땅에서 석유가 발견되는 일은 재앙에 가까운 일입니다. 그러나 미국은 민간 소유지에 있는 모든 지하자원의 소유권을 개인에게 인정해 줍니다. 만약 개인 소유의 땅에서 셰일오일이 발견되면 땅 주인은 엄청난 부를 거머쥘 수 있어 셰일오일 개발 업체에 적극 협조합니다.

미국뿐 아니라 다른 나라에도 셰일오일이 매장되어 있지만 미국과 달리 셰일오일의 혜택을 보지 못하고 있습니다. 세계 최대 셰일오일 매장국 지위를 차지하고 있는 중국은 막대한 양의 셰일오일을 보유하고 있음에도 지형적인 제약으로 개발에 애를 먹고 있습니다.
중국에 매장되어 있는 셰일오일은 주로 서부 지역에 집중되어 있는데, 그곳은 건조한 사막 기후라 극심한 물 부족 지역입니다. 셰일오일 채굴을 위한 수압 파쇄법은 물이 엄청나게 필요하기 때문에 물 부족 지역에서는 엄두조차 낼 수 없습니다. 더구나 중국의 셰일오일은 미국보다 훨씬 깊고 복잡한 지형에 매장되어 있어 채산성이 크게 떨어지는 상황입니다. 이 같은 까닭에 개발하기 유리한 지형과 충분한 수자원을 확보한 미국만 셰일오일 개발에 두각을 나타내고 있습니다.

미국의 셰일오일을 견제한 사우디아라비아의 저유가 정책

2014년 사우디아라비아가 대대적인 석유 증산을 선언하며 또다시 유가를 폭락시켰습니다. 2014년 6월 배럴당 105달러를 넘던 국제유가가 같은 해 12월 배럴당 50달러로 폭락하며 반값이 되었습니다. 사우디아라비아는 OPEC 회원국을 설득하기 위해 미국산 셰일오일을 고사시키려면 저유가가 필요하다면서 칼끝을 미국으로 향하게 했습니다. 친미 국가 사우디아라비아가 미국의 셰일오일 산업을 붕괴시키겠다는 대의명분을 내세우며 증산에 돌입하자 OPEC 회원국은 의구심이 들었지만, 석유 시장에서 셰일오일을 없앤다는 말에 솔깃해 증산에 동참했습니다.

당시 셰일오일은 배럴당 생산 비용이 50~60달러에 이르렀기 때문에 배럴당 30~40달러에 지나지 않는 기존 석유보다 가격 경쟁력이 상당히 떨어지는 상황이었습니다. 더구나 사우디아라비아는 배럴당 석유 생산 비용이 10달러에 불과해, 어떤 나라와도 비교되지 않는 최강 가격 경쟁력을 보유하고 있었습니다. 유가 하락이 계속되어 배럴당 30달러 이하로 떨어지자, 배럴당 생산 비용이 높은 OPEC 회원국의 불만이 폭발하기 시작했습니다. 당초 사우디아라비아의 주장대로 미국의 셰일오일 산업이 붕괴하지 않았기 때문입니다.

저유가 시대로 들어서자 미국의 셰일오일 업체들은 채굴 비용이 적게 드는 신기술 개발을 통해 위기를 극복해 나갔습니다. 그동안 미국 전역에 난립하다시피 한 소규모 셰일오일 개발업체가 대형 업체에 합병되어 규모의 경제를 실현했습니다. 미국의 셰일오일 산업은 국제 유가가 낮아져도 견뎌 낼 수 있는 자생력을 갖추며 더욱 강력해졌습니다. 이 모든 것이 미국의 앞선 공학 기술이 뒷받침해 주었기 때문에 가능했습니다.

사우디아라비아의 공격에도 살아남은 미국의 셰일오일 업계

세일오일로 경쟁력을 강화한 미국의 석유 화학 산업

유가의 폭락은 마치 정부의 감세 정책과 같은 효과를 발생시켜 미국 국민의 구매력을 높여 주는 결과를 낳았습니다. 저유가로 인해 미국 소비자들은 유류 비용을 750억 달러 이상 절약했고, 줄어든 유류 비용만큼 다른 곳에 소비할 여력이 생겨나면서 경제에 활력이 돌기 시작했습니다. 또한 저렴해진 에너지 가격 때문에 전기 요금 등 각종 생산 비용이 대폭 낮아져 해외로 진출한 미국 기업이 본국으로 돌아왔고 이로 인해서 일자리가 대폭 늘어났습니다.

미국 제조업의 부활

산업의 특성상 제조업은 많은 일자리를 제공하고 고용된 근로자를 안정된 정규직이 되게 하여 중산층을 두껍게 합니다. 1980년대 이후

셰일오일과 함께 살아난 미국의 제조업

미국 경제의 최대 고민은 제조업 붕괴 현상이었습니다. 비싼 인건비와 높은 에너지 비용 때문에 많은 기업이 앞다투어 미국을 탈출하면서 수많은 일자리가 사라졌습니다. 미국의 소득 양극화가 지난 수십년간 심해진 이유 역시 제조업의 붕괴 때문입니다.

하지만 셰일 에너지는 쇠락하기만 하던 미국 제조업에 새로운 활기를 불어넣고 있습니다. 셰일 에너지 개발을 위해 새로운 일자리 300만 개가 생겨났고 정부는 늘어나는 세수 덕분에 경제 개발에 많은 돈을 투자할 수 있게 되었습니다. 특히 값싼 셰일 에너지의 개발은 미국의 석유 화학 산업 분야에 엄청난 이익을 가져다주고 있습니다. 석유와 가스가 섬유, 잉크, 전선, 필름, 플라스틱, 비료, 농약 등 수많은 제품의 원료이기 때문입니다.

미국은 그동안 자국의 에너지 생산량이 수요량을 따라가지 못해서

값비싼 중동산 에너지를 수입해 석유 화학 산업의 원료로 사용했고, 매년 1조 달러가 넘는 막대한 돈을 에너지 수입을 위해 사용해 왔습니다. 게다가 비싼 인건비와 지나치게 많은 에너지 물류 비용 때문에 값싼 인건비를 무기로 하는 아시아 기업들과 벌이는 경쟁에서 계속 밀리고 있었습니다. 2011년까지만 하더라도 미국은 석유 화학 분야에서 매년 막대한 적자를 기록하고 있었습니다.

2000년 중반까지 석유 화학 제품의 제조 원가가 세계에서 가장 높았던 미국은 저렴한 셰일 에너지 덕분에 요즘에는 산유국인 중동 국가보다도 석유 화학 제품의 제조 원가가 적게 들고 있습니다. 과거에는 유럽보다 비싸던 미국의 천연가스 가격이 현재 하락을 거듭해 유럽의 3분의 1 수준도 되지 않습니다. 이런 까닭에 미국 석유 화학 기업의 원가 경쟁력이 급격히 향상되고 있습니다.

이처럼 셰일 에너지 개발로 인해 미국은 에너지 분야뿐 아니라 이와 관련된 제조업의 경쟁력도 함께 향상되는 시너지 효과를 만들고 있습니다. 그동안 지속적인 위상 추락을 맛보았던 미국인들은 셰일 에너지 때문에 다시 에너지 패권을 갖게 되었고 셰일 에너지가 공급되는 100년 동안은 그 지위를 유지할 수 있을 것으로 기대하고 있습니다.

저유가 정책의 최대 피해국, 베네수엘라

저유가의 최대 피해국은 미국의 적대 국가인 베네수엘라였습니다.

유가 하락으로
극심한 경제 피해를 입은
베네수엘라

2008년 배럴당 150달러에 육박하던 국제 유가가 2016년 29달러대로 폭락하자 베네수엘라는 막대한 재정 적자*에 시달렸습니다. 그동안 사회주의 정부가 석유 판매 대금을 재정에 편입시켜 무상 의료, 무상 교육 등 갖가지 복지 혜택을 국민에게 제공했지만, 국제 유가가 떨어짐에 따라 예전과 똑같은 복지 서비스를 제공할 수 없었습니다. 게다가 2013년 강력한 카리스마로 지난 14년 동안 막강한 권력을 휘둘렀던 우고 차베스 대통령이 병사하면서 베네수엘라를 이끌 구심점도 사라지고 말았습니다.

---

* 지출 규모가 세금 수입보다 많을 때 발생하는 적자.

베네수엘라는 사우디아라비아와 어깨를 나란히 할 정도로 엄청난 원유 매장량을 자랑하지만 원유의 질이 형편없다는 문제점이 있습니다. 중동 지역에 매장되어 있는 원유는 정제하는 데 큰 비용이 들지 않지만 베네수엘라의 원유는 끈적끈적한 진흙과 비슷해 정제하는 데 비용이 많이 듭니다. 따라서 배럴당 최소 70달러를 넘어야 경제성이 있는데 유가가 배럴당 30달러 이하로 하락하자 원유 수출 중단이라는 최악의 사태를 맞게 되었습니다.

수출액의 95%를 차지하던 원유 수출이 위기를 맞게 되자 베네수엘라는 극심한 달러 부족에 시달렸고 이는 곧바로 생활필수품 부족 현상으로 이어졌습니다. 그동안 베네수엘라는 석유 수출만으로도 충분히 먹고살 수 있었기 때문에 제조업 육성에 소홀해 휴지까지 수입해야 했는데, 유가 폭락으로 모든 생활필수품이 턱없이 부족하게 되었습니다. 달러 부족으로 설탕을 수입할 수 없게 되자 코카콜라 공장의 가동이 중단되었고 외국계 항공사가 운항을 중단하면서 고립 국가가 되었습니다.

베네수엘라 국민 중 80%가량이 식료품 부족으로 고통받았으며 굶주린 사람들은 길고양이나 유기견을 보이는 대로 잡아먹었습니다. 심지어 동물원에 침입해 희귀 동물을 마구 잡아먹기도 했습니다. 베네수엘라 정부는 돈 있는 사람들의 생필품 사재기를 방지하기 위해 국민에게 슈퍼마켓을 출입할 수 있는 횟수와 한 번에 살 수 있는 물품 구매 한도를 정했지만 효과가 없었습니다.

사회주의 정부가 세금으로 외국에서 생활필수품을 수입해 오면 이를 담당하는 공무원이 보이는 대로 빼돌렸기 때문에 국민은 구경조차 할 수 없었습니다. 부패한 공무원이 빼돌린 생필품은 암시장에서 거래되었지만 가격이 너무 비싸 서민에게는 그림의 떡이나 다름없었습니다.

베네수엘라 정부는 재정난으로 공무원의 월급을 제대로 줄 수 없게 되자, 월요일과 화요일 주 이틀 동안만 관공서를 열었습니다. 국제 유가 폭락으로 고통을 당하게 된 베네수엘라 국민은 연일 반정부 시위를 벌이며 대책 마련을 촉구했지만 정부가 할 수 있는 일은 아무것도 없었습니다.

2015년 12월 베네수엘라에서 실시한 국회의원 선거에서 우고 차베스가 만든 정당이자 집권당인 통합사회당은 국민의 배척을 받아참패했습니다. 지난 16년 동안 미국의 심기를 불편하게 한 베네수엘

저유가로 인한 경제 위기에 항의하는 베네수엘라 국민

라의 사회주의 세력은 저유가 1년 만에 몰락하고 말았습니다.

치킨 게임의 승자, 미국

1950년대 미국의 갱단 사이에서 '치킨 게임*'이 크게 유행했습니다. 참가자 2명이 차를 탄 채 도로 양쪽 끝에서 서로를 향해 달리는데, 만약 자신을 향해 달려오는 차량에 겁을 먹고 먼저 운전대를 꺾는 사람은 겁쟁이로 취급되어 게임의 패자가 되었습니다. 치킨 게임은 미국에서 겁쟁이를 닭에 비유하는 데서 그 이름이 유래되었습니다.

2014년 세계 최대 산유국 사우디아라비아는 미국의 셰일오일 업계와 이란 등 눈에 거슬리는 존재를 없애기 위해 '국제 유가 인하'라는 치킨 게임을 선언하고 원유 생산량을 대폭 늘렸습니다. 배럴당 생산 원가가 10달러 남짓한 사우디아라비아로서는 저유가 정책을 통해 미국의 셰일오일 업계와 이란의 석유 산업을 충분히 몰락시킬 수 있다고 판단했지만 현실은 생각과 달랐습니다.

우선 미국의 셰일오일 업계는 사우디아라비아가 예상하지 못한 첨단 채굴 기술을 개발해 생산 원가를 대폭 낮추었습니다. 이란도 생산량을 늘리며 사우디아라비아에 맞불을 놓았습니다.

2014년부터 가파르게 떨어지기 시작한 국제 유가로 인해 2015년

---

* 어떤 문제를 둘러싸고 대립하는 상태에서 서로 양보하지 않다가 극한으로 치닫는 상황

사우디아라비아는 무려 980억 달러라는 엄청난 재정 적자에 시달렸습니다. 오일 머니가 급감하자 공무원의 월급을 삭감해야 했고 그동안 국민에게 제공하던 각종 복지 혜택도 줄여야 했습니다.

사우디아라비아의 치킨 게임으로 살림살이가 팍팍해진 국민이 정부에 반감을 품게 되자, 지배자이자 절대 군주인 국왕은 바늘방석에 앉은 것처럼 마음이 불편해졌습니다. 2016년 사우디아라비아 정부는 저유가 정책을 포기하는 성명을 발표해 더는 치킨 게임에 나설 의사가 없음을 밝혔습니다.

사우디아라비아의 유일한 수입원은 에너지 수출이었지만 미국은 전자, 자동차, 화학, 반도체, 스마트폰 등 수많은 수출 품목이 있었기 때문에 국제 유가 하락도 미국 정부의 재정에 별다른 영향을 주지는 못했습니다. 사우디아라비아가 감산을 선언하자 국제 유가는 상승했

정부의 저유가 정책으로 고통받는 사우디아라비아 국민

셰일오일로 인해 위력을 잃고 있는 OPEC 본부

지만 그동안 치킨 게임을 하느라 입은 손실을 메우기란 쉽지 않았습니다. 사우디아라비아의 감산으로 국제 유가가 상승하면 미국 셰일오일 업계가 생산량을 늘리기 때문에 유가 상승에는 분명한 한계가 있었습니다.

결과적으로 치킨 게임의 최종 승자는 미국이었습니다. 미국 셰일오일 업계의 부상은 그동안 세계 석유 시장을 주물러 온 OPEC의 몰락을 의미하는 동시에 미국이 다시 세계 에너지 산업의 중심축으로 등장하는 계기가 되었습니다.

★

꿈의 에너지원으로 각광받는
인공 태양

현재 인류가 쓰고 있는 주요 에너지원인 석유와 석탄은 매장량이 유한해 언젠가 반드시 고갈된다. 이들 에너지는 사용하면 할수록 더 많은 환경 오염 물질이 배출되는 치명적인 약점도 가지고 있다. 원자력 발전도 오래전부터 활용되고 있지만 혹시라도 사고가 발생할 경우 전 지구적 문제를 일으킬 만큼 커다란 위험성을 안고 있다.

1980년대 일어난 소련의 체르노빌 원전 사고의 경우 아직도 피폭으로 인한 피해자가 고통받고 있다. 또한 원자력 발전의 부산물인 핵폐기물도 위험하기는 마찬가지여서 길게는 수천 년 동안 안전하게 관리해야 하지만 보관할 곳이 마땅하지 않아 각국이 골치를 앓고 있다. 1980년대부터 미국을 비롯한 선진 각국은 기존 에너지의 유한성과 환경 오염 문제를 단번에 해결하기 위해 새로운 에너지원을 찾았다. 그것은 바로 인공 태양을 만드는 것이었다.

태양에서는 1초 동안 6억 5,700만t의 이중 수소와 삼중 수소가 핵융합 반응을 일으켜 6억 5,300만t의 헬륨으로 변한다. 이 과정에서 400만t의 질량 차이가 발생하는데 수소가 사라지면서 엄청난 양의 에너지가 발생한다. 기존의 원자력 발전은 핵분열을 통해 에너지를 얻지만 태양은 핵융합을 통해 에너지를 만들어 낸다. 핵분열하는 과정에서는 방사능을 비

미래의 에너지원으로 개발 중인 인공 태양

롯한 유해 물질이 쏟아져 나오지만 핵융합 반응 과정에서는 유해 물질이 거의 나오지 않아 청정에너지로 불러도 손색이 없다. 이중 수소는 바닷물, 삼중 수소는 리튬에서 얼마든지 얻을 수 있기 때문에 인류는 수천만 년 동안 고갈 걱정 없이 핵융합 에너지를 만들어 낼 수 있다.

사고 발생으로 핵융합로가 손상되면 핵융합 현상이 즉각 중단되기 때문에 원자력 발전소처럼 대형 사고로 이어질 걱정이 없다. 핵융합 발전을 통해 저렴한 전기를 생산할 경우 연료비가 많이 드는 기존의 휘발유 차나 경유 차는 더는 설 자리가 없게 된다. 또한 매연을 전혀 내뿜지 않는 전기 차가 도로 위를 누비며 대기의 질이 크게 개선될 수 있다. 이처럼 인공 태양은 이론적으로는 더할 나위 없이 좋은 차세대 에너지이지만 상용화를 위해서는 풀어야 할 기술적 난제가 많다.

태양은 중력이 매우 강해 핵융합 반응의 원료가 되는 수소를 쉽게 끌어 모을 수 있고 1,500만℃의 비교적 낮은 온도에서 핵융합 반응을 얻을 수 있다. 반면 지구는 태양에 비해 중력이 약해 특별한 장치를 만들어 수소가 달아나지 않게 잡아 두어야 한다. 또한 핵융합 반응을 일으키기 위해서는 온도를 1억℃ 이상으로 끌어 올려야 한다. 세계 각국은 핵융합로를 만들기 위해 치열한 경쟁을 벌이다가 힘에 부치자 인류 공동의 과제로 여겨 힘을 합치게 되었다.

1988년 미국, 일본, 유럽 등 주요 국가들은 핵융합 에너지 공동 개발을 위한 국제기구를 만들어 인재와 돈을 한자리에 모았다. 2025년 완성을 목표로 프랑스 남부에 핵융합로를 건설하고 있는데 무게만 2만 4천t으로 에펠탑 3개의 무게와 맞먹을 정도로 육중하다. 핵융합로가 성공적으로 건설되고 안정적인 운영이 가능하다는 사실이 증명되면 핵융합 발전은 빠른 시간 안에 새로운 에너지원으로 자리 잡을 수 있을 것으로 예상한다. 하늘의 새를 모방해 비행기를 만들고 물속의 물고기를 모방해 잠수함을 만든 인류는 이번에는 태양을 모방한 새로운 에너지원을 만들려고 한다.

4장

과학 기술의 발전과 함께하는

군수 산업

끝없는 전쟁

대부분 사람은 국가 간에 벌어지는 전쟁을 원하지 않지만 인류 역사에서 전쟁이 없었던 때는 거의 없습니다. 고대 그리스의 철학자 플라톤은 "죽은 자만이 전쟁의 끝을 볼 수 있다."라고 했는데 이는 인류가 생존하는 한 전쟁이 계속될 것임을 의미합니다.

겉으로 보이는 전쟁의 원인은 다양합니다. 종교 신념, 민족 간 갈

폐허와 재건이 일어나는 전쟁

등, 영토 확장 욕구 등 여러 가지 원인이 있습니다. 그중 가장 큰 원인은 경제 이익 때문입니다. 한 나라의 경제가 극심한 수요 부족으로 불황에 빠지면 사람들은 일자리와 수요를 창출하기 위해 전쟁을 일으켰습니다. 경제를 살리기 위해 일으킨 전쟁의 끝은 대개 참전국의 경제를 초토화하면서 끝나는 경우가 대부분입니다.

그런데 전쟁의 폐허 속에 전후 복구를 위한 재건이 시작되면 경제가 다시 활기를 찾으면서 사람들에게 일자리와 돈벌이의 기회를 제공하기도 합니다. 하지만 전쟁 복구로부터 시작된 역동적인 경제 성장은 시간이 지나면서 점차 완만해지게 됩니다. 또다시 예전처럼 수요 부족으로 경제 불황에 시달리게 되면 사람들은 경제난 해결을 위해 다음 전쟁을 꿈꾸게 됩니다.

세계를 파멸의 구렁텅이로 몰아넣은 제1 · 2차 세계대전 역시 경제 불황을 극복하기 위해 일으킨 대표적인 전쟁입니다.

두 차례 일어난 세계대전과 군수 산업의 성장

미국은 전쟁을 통해 태어나고 성장한 나라입니다. 토착 원주민 인디언과 벌인 전쟁으로 영토를 확장했고 영국과 겨룬 독립 전쟁에서 승리한 뒤 건국했습니다. 나라를 세운 이후 농업 위주의 남부와 공업 위주의 북부가 벌인 주도권 경쟁으로 1861년 남북 전쟁이 일어나 수많은 사상자가 생겨나고 막대한 재산 피해를 입었습니다. 하지만 남북 전쟁은 그동안 계속되어 온 갈등을 끝내고 산업화의 길로 나아가

제1차 세계대전 당시 폭탄 공장에서 일하는 여성

는 계기이기도 했습니다.

1914년 유럽에서 제1차 세계대전이 벌어지자 미국은 영국, 프랑스가 주축이 된 연합군에 군수 물자를 공급하며 유럽을 능가하는 공업 국가로 급성장했습니다. 유럽에서 밀려드는 군수 물자 주문을 소화하기 위해 나라 전역에 공장이 들어서면서 많은 사람이 새로운 일자리를 갖게 되었습니다. 주문량이 너무 많아 남성 인력만으로는 부족해 여성까지 군수 물자 생산에 동원되어야 했는데 이를 계기로 여성의 사회 참여와 사회 지위가 향상되었습니다.

군용 차량, 대포, 총기류, 군함 등 각종 무기를 만드는 과정에서 철강, 화학, 기계 등 다양한 산업이 발전했습니다. 1918년 종전 뒤 미국은 자타가 공인하는 세계 최강국의 지위에 올라섰습니다. 하지만 군수 산업을 중심으로 지나치게 팽창한 산업 생산력은 종전 뒤 과잉 생산이라는 문제를 불러왔습니다. 군수 물자를 생산하던 공장이 전쟁이 끝난 뒤 민간용 제품을 생산하는 공장으로 전환해 수요가 따라올 수 없을 정도로 막대한 양의 제품을 쏟아 내자 창고마다 재고가 산더미처럼 쌓였습니다.

결국, 1929년 미국은 '경제 대공황'이라는 역사상 최악의 경제 위기를 맞았습니다. 대공황을 해결하기 위해 정부는 '뉴딜 정책'이라 불리는 대규모 경제 부양책을 통해 경제 위기를 극복하려고 했습니다. 하지만 뉴딜 정책만으로는 턱없이 모자란 수요 부족 문제를 모두 해결할 수 없었습니다.

미국 경제가 기나긴 침체의 터널을 벗어나지 못하고 있을 때, 1939년에 일어난 제2차 세계대전은 모든 문제를 단번에 해결해 준 해결사나 다름없었습니다. 전쟁이 일어나자 제1차 세계대전 때와 마찬가지로 연합국은 미국에게서 군수 물자를 엄청나게 수입했습니다. 이를 통해 미국은 그동안 창고에 산더미처럼 쌓여 있던 재고를 털어 냈습니다.

1942년 12월 일본의 진주만 공습을 기점으로 미국이 직접 전쟁에 발을 담그면서 미국 기업들은 군수 물자 생산을 통해 몸집을 키울 수 있는 절호의 기회를 잡았습니다. 미국 기업은 새로 징집된 군인 수백만 명에게 필요한 물자를 공급했습니다. 여기에는 전투기, 탱크, 전함

제2차 세계대전 때 B-29 폭격기를 생산하는 보잉 공장

같은 무기뿐 아니라 의약품, 식료품, 의류에 이르기까지 온갖 종류의
제품이 포함되어 있었습니다.

이를테면 GM이나 포드 같은 자동차 회사는 전쟁 이전까지만 하
더라도 대공황의 여파로 자동차가 제대로 팔리지 않아 공장을 폐쇄
하고 노동자를 해고하기에 급급했으나 전쟁이 일어남과 동시에 군사
용 차량을 대량으로 생산하면서 부도 위기에서 벗어났습니다. 포드
자동차는 군사용 차량을 비롯해 전투기까지 생산해 미군에 공급함으
로써 쏠쏠한 전쟁 특수*를 누렸습니다.

미국은 두 차례의 세계대전을 자국 내에서 치르지 않아 직접적인

---

* 전쟁 시 군용품, 무기, 식량, 의약품 등 군인이 전장에서 사용하는 필수품의 증가로 발생하는 수요.

전쟁 피해를 입지 않았습니다. 이에 반해 전쟁의 한복판에 있었던 유럽은 전쟁으로 인한 엄청난 피해를 고스란히 떠안아야 했습니다. 전쟁 이전에 채권국이었던 영국, 프랑스, 독일 등 유럽의 주요 국가들은 전쟁 뒤 채무국으로 전락해 빚더미에 앉게 되었습니다.

한국 전쟁으로 회생한 미국의 군수 산업

미국은 두 차례의 세계대전과 한국 전쟁까지는 민주주의를 수호한다는 명분 아래 전쟁에 참여했습니다. 미국은 아시아의 가난한 신생 독립국 한국의 민주주의를 지키기 위해 무려 미군 179만 명을 파병했습니다. 한국 땅을 밟은 미군 중 3만 7,000여 명이 전사했고 10만여 명이 부상을 당했습니다. 미국이 한국 전쟁에 제2차 세계대전에 버금갈 만큼 국력을 쏟아 부은 데는 민주주의 수호 이외에 '군수 산업*계의 이익 보호'라는 이유도 있었습니다.

두 번의 세계대전을 계기로 미국 내에서 무기를 제조하는 군수 산업이 하나의 거대한 산업으로 성장하자 이들의 영향력이 점차 커졌습니다. 군수 산업체는 미국 내 수백만 명의 일자리를 만들어 내면서 지역 경제에 중요한 역할을 했습니다. 제2차 세계대전 기간에 호황을 누린 군수 산업은 1945년 8월 종전과 함께 퇴보하기 시작했습니다. 전투기, 탄약, 대포, 전차 등 각종 무기가 더는 필요 없게 되어 재

---

* 국가 방위에 쓰는 군수품을 생산하는 모든 산업.

고로 쌓이면서 이를 생산하던 근로자는 일자리를 잃게 되었습니다.

　미국 정부는 제2차 세계대전이라는 전쟁 특수 덕분에 1929년부터 시작된 경제 대공황을 극복할 수 있었으나 일본의 항복으로 전쟁이 끝나자 다시 수요 부족으로 인한 경기 침체 위기를 걱정해야 했습니다. 때마침 1950년 6월 25일 한국 전쟁이 일어나 미군이 참전하면서 경기 침체와 군수 산업의 붕괴를 막을 수 있는 길이 열렸습니다. 3년 동안 지속된 한국 전쟁 기간에 미군은 막대한 전비를 쏟아부었고 이로 인해 군수 산업은 계속 살아남았습니다.

국가 방위라는 명분으로 이익을 얻기 위한 군산 복합체의 구성

　1953년 한국 전쟁이 무승부로 끝나자 군수 산업체에 또다시 위기가 찾아왔습니다. 전쟁이 있어야 존재할 수 있는 군수 산업체의 특성상 한국 전쟁의 종전은 위기가 되었지만 냉전이라는 새로운 형태의 전쟁으로 인해 군수 산업체는 살아남을 수 있었습니다. 자유 진영을 대표하는 미국과 공산 진영을 대표하는 소련은 끊임없는 무기 개발 경쟁을 통해 체제 우월성 경쟁을 펼쳤고 이는 군수 산업체가 막대한 돈을 벌 좋은 기회였습니다.

　미국인들은 소련과 전쟁이 일어날 위험 속에 살면서 강력한 군사력을 원했고 정부는 해마다 천문학적인 예산을 국방비로 쏟아부었습니다. 미국이 낳은 위대한 장군이자 제34대 대통령 드와이트 아이젠하워Dwight David Eisenhower는 이 같은 현상을 우려했습니다. 누구보다 군

군산 복합체의 위험성을 경고한 드와이트 아이젠하워

내부 사정에 밝았던 그는 1961년 대통령직에서 물러나면서 의미 있는 퇴임사를 남겼습니다. "현재 미국은 위험한 상태입니다. 평화적으로 사용되어야 할 국민의 세금이 무기를 만드는 데 쓰이고 있습니다."라고 아이젠하워는 경고했습니다.

군수 산업체는 더욱 많은 국방 예산을 확보하기 위해 정치권과 군 수뇌부를 상대로 로비를 펼쳐 큰 효과를 보았습니다. 교섭 자금으로 지출한 금액의 최소 20배 이상이 무기 수주라는 대가로 돌아왔습니다.

군수 산업체가 이익을 위해 고용한 로비스트 수만 하더라도 족히 1,000명은 넘었습니다. 군수 산업체와 친밀한 관계에 있던 군 수뇌부와 정치인은 현직에서 물러난 뒤 군수 산업체의 고위 간부나 경영진으로 영입되어 많은 연봉을 받으며 호의호식하는 경우가 수두룩했습니다.

아이젠하워는 군수 산업체, 군 수뇌부, 정치권이 '국가 방위'라는 대의명분 아래 긴밀하게 협력하면서 서로의 이익을 지키는 관계를 '군산 복합체'라 일컬었습니다. 그는 군산 복합체를 통제하지 않으면 국민의 자유와 민주주의가 위협받는 사태가 올 것이라고 경고했습니다. 평생을 군대에서 보내고 대통령까지 지낸 아이젠하워도 임기 중에는 군수 산업체의 해악에 대해 감히 말하지 못하다가 퇴임 때야 겨우 한마디할 수 있었을 정도로 군수 산업체의 영향력은 막강했습니다. 이후로도 군수 산업체는 점점 강해져 갔습니다.

군수 산업체 록히드마틴의 생존 비법

록히드마틴은 1912년 엔지니어 출신인 말콤 형제가 설립했습니다. 말콤 형제는 항공기를 제작해 판매하면서 경영난에 시달렸습니다. 이들이 항공기 제작사를 세운 때는 1903년 라이트 형제가 세계 최초로 동력 비행기를 만든 뒤 8년밖에 되지 않았습니다. 이 당시 항공 산업은 걸음마 단계에 지나지 않아 상업용 항공기에 대한 수요가 미미했습니다. 극심한 경영난 속에서도 기술 기발에 몰두하던 말콤 형제에게 제2차 세계대전은 행운을 가져다주었습니다.

1941년 12월 일본이 하와이 진주만을 기습하자 그동안 직접 전쟁에 개입하기를 꺼렸던 미국은 정책을 바꿔 국력을 총동원해 전쟁에 나섰습니다. 미국 정부는 막강한 공군력을 보유한 일본, 독일과 결전을 치르기 위해 기술력이 뛰어난 항공기 제작사에 전투기 제작을 의뢰했습니다. 이때 기술력에서 보잉사와 함께 독보적인 위

세계 최대 군수 산업체 록히드마틴

군용 항공기에서 민간 항공기로 사업 영역을 확대한 보잉

치를 차지하고 있던 록히드마틴이 두각을 나타냈습니다.

록히드마틴은 정부가 원하는 최고 성능을 지닌 전투기를 비롯해 폭격기, 정찰기 등 거의 모든 종류의 군용기를 생산하는 데 성공했습니다. 전쟁 기간에 록히드마틴은 2만 대 가까운 군용기를 미군에 납품하면서 단번에 대형 항공기 제작업체로 성장했습니다. 전쟁이 끝나자 군용기 수요가 크게 줄어들어 록히드마틴, 보잉 등 군수 기업은 큰 위기를 맞았습니다. 활로를 찾아 나선 보잉은 군용 항공기 생산 시설을 민간용 항공기 생산 시설로 전환했습니다.

이에 반해 록히드마틴은 군용기 생산에 주력하며 미국을 대표하는 군수 기업이자 세계 최대 군수 기업으로 성장해 나갔습니다. 록히드마틴은 무기를 잘 만들 뿐 아니라, 군수 산업체의 이익을 지키기 위한 탁월한 경영 전략을 발휘하는 기업으로도 유명합니다. 록히드마틴을 비롯한 미국의 군수 기업은 의도적으로 무기 생산 공장을 50개 주에 분산 배치하여 운영합니다. 미국 전역에 흩어져 있는 공장을 한곳에 모으면 훨씬 효율적으로 생산할 수 있지만 군수 기업은 사업장을 최대한 흩어 놓았습니다. 각 주마다 공장이 있어야 군수 산업체가 모든 주의 지역구 의원에게 압력을 행사할 수 있기 때문입니다.

실제로 군수 산업체는 지역구 내 상·하원 의원에게 큰 영향을 미

치고 있습니다. 만약 특정 지역 내 군수 산업체의 무기 생산량이 줄
어든다면 이에 비례해 일자리도 줄어들기 때문에 해당 지역구 소속
정치인의 입지가 좁아지게 됩니다. 따라서 정치인들은 군수 산업체
의 일감이 줄어들지 않도록 필사적으로 노력합니다. 즉, 끊임없이 공
장이 돌아가야 일자리도 유지되고 정치인의 정치생명도 유지될 수
있는 것입니다.

 군산 복합체의 실체는 미국 차세대 전투기 사업을 통해 잘 알 수
있습니다. 2001년 미국 정부가 차세대 전투기 사업자 선정 계획을
발표하자, 국내 최대의 군수 산업체인 록히드마틴과 세계적인 항공
기 제작업체인 보잉이 맞붙었습니다. 록히드마틴은 미국 공군을 대

군수 산업 유지를 위해 해마다 막대한 세금을 쏟아붓는 미국

표하는 전투기 F-16, F-22를 비롯해 각종 미사일, 군사용 통신 위성 등 최첨단 무기 개발에 앞장선 회사였습니다.

미군 수뇌부가 록히드마틴이 만든 탁월한 성능의 최첨단 무기를 선호한 까닭에 이 회사는 별다른 어려움 없이 군수 산업계의 선두 주자로 군림했습니다. 더구나 록히드마틴은 연방 상·하원 의원을 대상으로 정치 자금을 가장 많이 뿌리는 회사 중 하나이기 때문에 정치권과의 관계도 돈독합니다. 미국의 상·하원 의원 535명[*] 중 425명에게 정치 후원금을 제공하며 영향력을 미치고 있습니다. 그 결과 2001년 보잉을 누르고 정부로부터 2,000억 달러짜리 차세대 전투기 사업권

---

[*] 미국은 양원제를 채택하고 있다. 상원 의원은 주당 무조건 2명씩 뽑으며, 현재 50개 주의 상원 의원 수는 총 100명. 하원 의원은 10년을 주기로 주별 인구를 조사해 435석을 각 주별 인구수에 비례하여 배정한다.

록히드마틴의
F-16

록히드마틴의
F-22

을 따내며 다시 한번 막강한 영향력을 보여 주었습니다.

　록히드마틴이 차세대 전투기 사업권을 획득할 수 있었던 까닭은 공군 장성 출신 중역들의 역할이 컸습니다. 그동안 록히드마틴은 오랜 기간 공군에서 복무한 장성을 대거 영입해 고위 임원에 앉혔습니다. 미국 내에서 현역 군 장성은 높은 사회 지위에도 불구하고 연봉은 그에 미치지 못합니다. 군수 산업체는 이 점에 주목해 수십 년간 군대에서 경력을 쌓은 퇴역 장성을 영입해 왔습니다.

록히드마틴의 F-35

거대 군수 산업체의 임원이 되어 현역 시절보다 훨씬 많은 연봉을 받게 된 퇴역 장성은 현역 장성에게 영향력을 행사합니다. 이들이 자사의 무기를 구매하도록 청탁하면 현역 군인은 이를 마다하기가 쉽지 않습니다. 현역 시절 군수 산업체와 좋은 관계를 유지해야 퇴역 뒤 높은 연봉을 받는 일자리가 자신에게 돌아오기 때문입니다.

군산 복합체는 기득권층의 결탁으로 이어지고 있지만 문제의식을 갖지 않는 국민도 많습니다. 록히드마틴이 개발하는 차세대 전투기 F-35가 미국에 엄청난 이익을 가져다줄 것이라고 생각하기 때문입니다. F-35는 국내에만 판매되는 것이 아니라 전 세계 동맹국에 수출하기 때문에 장기적으로 보면 무려 4,000억 달러가 넘는 막대한 수익을 기대할 수 있습니다. 이와 관련한 일자리가 26만 개에 이를 정도로 경제적 파급력이 엄청납니다.

죽음의 상인, 무기 브로커

미국 사회 내에서 군산 복합체의 영향력이 지나치게 크다 보니 다른 나라에서는 상상도 할 수 없는 일이 벌어집니다. 국방부는 물론 외교를 담당하는 국무부까지 미국산 무기를 파는 일에 전력을 다합니다. 국방부는 동맹국의 군사력을 면밀히 분석해 부족한 것이 무엇인지를 알려 주고 미국산 무기로 미비점을 채울 것을 요구합니다.

초강대국 미국의 눈치를 보지 않을 수 없는 동맹국은 미국의 요구에 따를 수밖에 없습니다. 설령 미국산 무기보다 다른 나라 무기의 성능이 좋더라도 세계 경제의 5분의 1 이상을 차지하는 미국에 밉보이는 행동을 하기가 쉽지 않습니다. 군수 기업은 미국의 국력이 전 세계에 영향을 미치고 있는 점을 이용해 별다른 어려움 없이 무기를 판매합니다.

미국의 차세대 전투기 F-35의 경우 자국 내 판매량보다 한국, 일본, 캐나다, 이탈리아, 터키, 영국, 노르웨이, 이스라엘 등 동맹국에 판매하는 양이 훨씬 더 많을 정도로 미국의 군수 산업은 세계화되어 있습니다. 록히드마틴이나 보잉 같은 대형 무기 제조업체는 세계 각국에 지사를 두고 현지 정부를 대상으로 로비 활동을 벌입니다.

미국 군수 산업체가 무기를 판매하는 데 있어 특이한 사항은 해당 국가 정부와 직접 상대하기보다는 '브로커Broker'라고 불리는 무기 중개업자를 끼고 무기를 거래하는 경우가 많다는 점입니다. 무기의 수요자가 모두 동맹국 정부이기 때문에 군수 산업체는 해당 국가 정부와 직거래하면 되는데도 중간에 브로커를 두고 있는 경우가 더 많습니다. 무기 브로커는 해당 국가에서 넓은 인맥을 확보한 정치인, 전직 군인, 고위 관료 등 그 출신이 다양합니다.

군수 산업체에게서 판매권을 위임받은 브로커는 해당 국가의 무기 구입 권한을 가진 고위 공직자를 대상으로 로비 활동을 벌이는데, 이 과정에서 뇌물이 오가는 경우가 많습니다. 일부 선진국을 제외한 대부분의 나라에서 무기를 구매하면서 고위 공직자나 정치인이 뒷돈을 요구하기 때문입니다.

만약 군수 산업체 임직원이 직접 상대국 고위 공직자에게 뇌물을 주다가 문제가 생길 경우 회사 이미지에 치명타를 입힐 수 있습니다. 따라서 군수 산업체는 책임 소재에서 자유롭기 위해 브로커를 고용합니다. 만일 로비 활동 도중 문제가 생기더라도 중산에 브로커가 있으면 책임을 떠넘길 수 있기 때문입니다.

상대국은 국방력 강화라는 명분 아래 막대한 금액을 무기 구매에 사용하고 브로커는 판매 대금의 일부를 고위 공직자에게 건네면서 거래가 마무리됩니다. 대개 적게는 수천만 달러에서 많게는 수백억 달러에 이르는 군수 물자 거래는 부정한 돈을 탐내는 탐관오리에게 더할 나위 없이 좋은 돈벌이 기회입니다.

미국산 무기의 최대 수입국 사우디아라비아에서는 아드난 카쇼기

Adnan Khashoggi 라는 브로커가 오랜 기간 무기 거래를 거의 독점하다시피 했습니다. 이 과정에서 그는 천문학적인 중개 수수료를 챙겨 자국 내에서 억만장자 대열에 올랐습니다. 이처럼 무기 브로커는 손쉽게 많은 돈을 벌지만 '죽음의 상인'이라는 악명 속에서 살고 있는 사람들입니다.

미국산 무기 중개로 갑부가 된 아드난 카쇼기

과도한 군비 지출과 소련의 몰락

로마 제국, 몽골 제국, 대영 제국 등 세계를 무대로 거대한 식민지를 운영한 나라들은 이에 걸맞은 군사력을 유지하려고 했습니다. 그러나 이들 패권 국가는 자국의 경제력을 넘어서는 군사력을 유지하려는 순간부터 몰락의 길을 걸었습니다. 이는 국방비 지출이 경제 발전에 도움이 되지 않기 때문입니다. 무기를 만드는 것보다는 교육과 과학 기술에 투자하는 것이 더 큰 부가가치를 만들 수 있습니다. 그러나 한정된 자원을 국방비에 무리하게 쏟아붓는 것은 엄청난 국력 낭비를 초래합니다.

과도한 군사비 지출은 강대국의 몰락을 가져오는 가장 큰 원인이 되지만 실제 강대국 사람들은 이를 인식하지 못합니다. 오히려 강력

무리한 군사비 지출로 몰락한 소련

한 국방력이야말로 패권을 유지하는 지름길이라는 착각을 하게 됩니다. 그러나 패권국이 군사력에 집중하는 동안 경제적 효율성은 계속 낮아져 결국에는 예전의 힘을 잃어버리게 됩니다.

근래 들어서도 이런 일은 반복되고 있습니다. 제2차 세계대전 이후 미국과 함께 세계를 양분한 소련도 과도한 국방비 지출로 몰락한 경우입니다. 소련은 미국의 교묘한 전략에 말려들어 무리하게 군사력을 증강하다가 무너진 사례에 해당합니다.

1979년 이란에서 발생한 이슬람 혁명 도중 폭도가 미국 대사관을 점령하는 사태가 발생했습니다. 예전 같으면 미국의 권위에 도전한다는 것은 상상조차 할 수 없는 일이었지만 50여 명의 미국 외교관과 대사관 직원이 무려 444일간이나 이란에 억류되어 온갖 폭언과 폭행을 당했습니다. 이 장면은 텔레비전을 통해 전 세계에 방송되었고 시청자들에게 큰 충격을 주었습니다. 분노가 극에 달한 미국인들은 정부에 이란을 강력히 응징할 것을 요구했지만 당시 지미 카터 Jimmy Carter 대통령은 아무런 조치도 취하지 않았습니다.

평소에 인권과 평화에 관심이 많았던 카터 대통령은 군사적 해결 방법보다는 외교적인 방법을 선호해 집권 기간 내내 군사력을 줄여나갔습니다. 또한 미국이 쥐고 있는 패권을 좀 더 오래 유지하려면 과도한 군사비 지출을 억제해야 한다고 생각했습니다. 이 때문에 미국의 군사력은 카터 대통령 재임 시절 급속도로 약해져 이란마저 무시할 정도였습니다.

반면, 카터의 반대편에 섰던 로널드 레이건은 강력한 군사력을 지닌 미국을 꿈꿨습니다. 강한 군사력이야말로 미국을 세계의 지배자로 남게 해 줄 것이라고 믿었습니다. 1980년에 치러진 대통령 선거에서 미국 국민은 강력한 미국을 원했습니다. 도전자 레이건은 현직 대통령인 카터를 선거인단 확보 수에서 489대 49라는 압도적인 표 차이로 누르고 미국의 제40대 대통령에 당선되었습니다. 미국인들은 약해진 미국의 모습을 더는 보고 싶지 않았던 것입니다.

레이건 대통령은 집권 기간 8년 동안 국방비에 2조 달러를 쏟으며 군사력 강화에 매진했습니다. 이 과정에서 록히드마틴 같은 군수업체들은 엄청난 돈을 벌었지만 미국 국민은 소련의 위협에 맞서 국

우주까지 범위를 넓힌 미국의 전략 방위 구상

방을 튼튼히 하는 일에 세금 쓰는 것을 마다하지 않았습니다. 오히려 군수업체들은 미국의 안보를 지켜 내는 첨병으로서 국민에게 좋은 이미지를 심어 주었습니다.

레이건 대통령은 정치인이 되기 전 할리우드에서 산뼈가 굵은 영화배우로서 능수능란한 연기를 펼친 사람이었습니다. 그는 1983년 3월에 전략 방위 구상Strategic Defense Initiative, SDI이라는 연구 계획을 들고 나왔습니다. 일명 '스타워즈Star Wars 계획'이라고도 하는데 이는 대륙간 탄도탄을 비롯한 소련에서 발사하는 핵미사일을 비행 도중에 우주에서 레이저로 격추하고, 달에 미사일 기지를 건설해 소련을 공격하려는 계획으로 마치 영화에나 나올 만한 구상이었습니다.

실제로 미국이 가공할 만한 첨단 레이저 무기를 개발한다면 소련은 보유한 모든 핵미사일이 무력화되어 더는 미국의 맞수가 되지 못하는 상황이었습니다. 다급해진 소련은 미국이 발표한 수준의 무기를 먼저 만들기 위해 국가 예산의 40%를 우주 무기 개발에 쏟아부었습니다. 그러나 1991년 붕괴할 때까지 신무기를 만들어 낼 수 없었습니다.

애초부터 레이건 대통령은 당시 기술로는 스타워즈 계획이 불가능하다는 것을 잘 알고 있었습니다. 미국 정부는 기술 개발을 하는 시늉만 하고 실제로는 무기 개발에 돈을 투자하지 않았습니다. 스타워즈 계획은 소련의 과도한 지출을 유발하기 위한 미국의 전략이었던 것입니다. 특히 레이건 대통령의 뛰어난 연기력은 소련의 오판을 끌어내기에 충분했습니다. 레이건 대통령은 틈만 나면 스타워즈 계획이 미국의 기술로 충분히 가능한 일이라고 언급하며 모형 무기를 마치 진짜 개발된 무기인 양 홍보하고 다녔습니다. 결국, 미국의 작전에 걸려든 소련은 과도한 국방비 지출로 붕괴의 길을 걷게 되었습니다.

경제력으로 봤을 때 소련이 미국과 군비 경쟁을 한다는 것 자체가 어불성설이었습니다. 미국보다 영토만 클 뿐, 모든 면에서 소련은 미국의 경쟁 상대가 되지 못했습니다. 소련은 인구가 미국의 절반밖에 되지 않고 경제력은 미국의 20%밖에 되지 않는 나라였습니다. 다만 독재자 스탈린 시절 군수 산업을 중심으로 한 중화학 공업에 국가의 한정된 자원을 쏟아부은 결과 경제력을 뛰어넘는 군사력을 보유하고 있었습니다.

생활필수품을 구하기 위해 줄을 서 있는 소련 국민

　소련은 '붉은 군대'로 무장한 전형적인 군사 강국이었습니다. 천하의 미국도 소련을 건드리지 못했고 주변 국가들은 소련이 옆에 있다는 사실만으로 벌벌 떨어야 했습니다. 1957년 세계 최초로 인공 위성을 쏘아 올리며 우주 시대를 연 것도 소련이었습니다. 그러나 소련은 스탈린이 주도한 군수 산업 위주의 정책으로 첨단 핵미사일은 잘 만들었지만 생필품인 비누와 치약은 제대로 만들지 못하는 나라로 전락했습니다. 소련이 붕괴할 때 1만 개가 넘는 첨단 핵미사일을 보유하고 있었습니다.

　소련이 멸망한 이유는 무기가 부족해서가 아니라 생활필수품이 부족했기 때문입니다. 소련의 붕괴를 통해 국력에 맞지 않는 과도한 군사력이야말로 국가를 몰락시키는 주요 원인이라는 사실을 알 수 있습니다.

군사 대국으로 부상한 중국의 도전

1991년 소련이 역사의 뒤안길로 사라지면서 제2차 세계대전 이후 시작된 냉전이 막을 내렸습니다. 냉전이 끝나자 미국 정부를 비롯한 동맹국들이 그동안 과도하게 지출하던 군비를 축소했고, 소련의 위협을 빌미로 돈을 벌었던 미국의 군수업체는 궁지에 몰리기 시작했습니다. 경영난을 견디다 못한 이들은 파산하거나 합병하면서 살길을 모색했지만 예전의 영화를 되찾기가 쉽지 않았습니다.

2000년대 들어 중국이 군사 대국으로 부상하면서 미국의 군수업체에 다시 기회가 찾아왔습니다. 1980년대까지 가난을 면하지 못하던 중국은 1990년대 경제 개방 이후 비약적으로 발전하기 시작했습니다. 2000년대 들어 어느 정도 먹고살 만해지자 지도자들은 강력해진 중국의 힘을 세계에 과시하고자 했습니다. 그들은 가까운 미래에 중국이 선진국으로 도약하고 마침내 미국을 뛰어넘어 지구상에서 가장 강력한 국가가 될 것이라고 믿어 의심하지 않았습니다.

중국은 국제 사회에서 미국을 능가하는 영향력을 갖기 위해 매년 급격히 국방비를 늘리며 미국을 위협하기 시작했습니다. 2008년 미국은 최악의 금융 위기가 발생해 국방비를 줄여야 했지만 중국은 이를 틈타 해마다 10% 이상씩 국방비를 증액하며 미국을 추격하기 시작했습니다.

중국은 전 세계로 뻗어 가는 대양 해군을 만들기 위해 2012년 중국 최초의 항공 모함 랴오닝호遼寧號를 진수해 미국을 깜짝 놀라게 했습니다. 게다가 현재 한 대뿐인 항공 모함을 다섯 대 이상으로 늘려 5

중국 최초의 항공 모함 랴오닝호

대양 6대주를 자국의 관할 아래 두겠다는 야심을 품고 있습니다. 유럽, 아프리카, 아시아, 남아메리카 심지어 미국 앞바다에도 항공 모함을 띄워 놓고 중국이 세계 최강국임을 보여 주려고 합니다. 또한 스텔스 전투기, 초대형 수송기 등 미국이 세계를 지배하기 위해 갖추었던 전력을 그대로 모방하고 있습니다.

2007년 5월 중국 인민 해방군 지도부는 평화적인 군사 외교 차원에서 미국 태평양 함대 사령관을 비롯한 미국 해군 장성들을 베이징에 초대했습니다. 그런데 중국군 수뇌부가 평화 목적으로 방문한 미해군 장성들을 향해 "이제 하와이 서쪽 태평양을 모두 중국에 넘기고 떠나라."라고 협박하는 무례를 범했습니다. 중국은 한반도 서쪽, 일본 규슈, 타이완, 필리핀 일대까지 중국의 내해이므로 미국과 동맹국 해군은 이 지역에 들어오지 말아야 한다고 주장했습니다. 이에 미국은 중국에 강력히 항의했지만 중국은 들은 척도 하지 않았습니다.

중국이 군사력을 강화하고 미국을 본격적으로 견제하기 시작하자 미국의 군수업체는 중국이라는 새로운 위협에 대처해야 한다는 명분을 내세워 정부에 국방비를 늘리라고 요구했습니다. 이에 정부도 첨단 무기를 중심으로 국방 예산을 증액하며 중국의 군사력을 압도하기 위한 군비 경쟁에 나섰습니다.

미국이 중국을 봉쇄하기 위해 선택한 방법은 최강의 해군력 확보였습니다. 중국군이 해외로 진출하는 것을 견제하기 위해 최신 항공 모함 건조에 나서며 군사력 강화에 박차를 가하고 있습니다. 전투기는 지구상에서 가장 강력한 무기 중 하나이지만 작전 반경이 1,000km 정도밖에 안 되는 치명적인 약점이 있습니다. 따라서 전투기의 활동 범위를 극대화하기 위해서는 전 세계 어디라도 접근할 수 있는 항공 모함이 필수입니다.

군사력 강화 차원에서 미국 정부가 야심차게 추진 중인 차세대 항공 모함인 '포드급Ford class' 항공 모함의 건조 비용은 한 척당 130억 달러가 넘습니다. 기존 미 해군의 주력 항공 모함인 '니미츠급Nimitz class' 항공 모함의 경우 건조 비용이 한 척당 50억 달러 정도였지만 신형 항공 모함은 첨단 기술로 무장해 막대한 제작 비용이 듭니다. 신형 포드급 항공 모함은 길이가 333m에 이르러 프랑스의 에펠탑*

---

* 1889년 파리의 만국 박람회장에 세워진 높은 철탑으로 가로 125m, 세로 324m(안테나 포함)이다.

천문학적인 유지 비용이 드는 항공 모함

보다 더 깁니다. 또한 최신 항공기 70~80대를 싣고 바다를 누비는데, 이는 웬만한 국가의 공군력을 능가할 정도로 막강합니다.

항공 모함은 원자력을 이용하기 때문에 연료 재충전 없이 지구를 20바퀴나 돌 수 있습니다. 항공기 조종사를 포함해 5,000명이 넘는 승무원이 불편 없이 바다에서 생활할 수 있도록 항공 모함 내부에는 식당, 우체국, 병원, 세탁소, 편의점, 교회 등 다양한 편의 시설을 갖추고 있습니다. 또한 단독으로 작전에 나서는 것이 아니라 구축함, 보급함, 잠수함 등 다양한 종류의 군함과 항모 전단을 이루어 활동하는데, 이를 구성하는 데는 무려 300억 달러가 넘는 비용이 들어갑니다.

미국은 막대한 비용이 들어감에도 불구하고 5년마다 1척씩 신형 항공 모함을 제작하기로 했습니다. 2018년부터 2045년까지 최소 포

드급 항공 모함 7척을 실전 배치할 계획이고 이를 통해 세계 최강의 해군력을 유지할 방침입니다. 아직 지구상에서 원자력 항공 모함을 중심으로 대규모 항모 전단을 꾸릴 수 있는 나라는 미국밖에 없습니다. 미국 이외의 나라는 최첨단 항공 모함을 제작할 수 있는 기술이 없을 뿐더러 설령 항공 모함을 갖게 되더라도 해마다 최소 수억 달러에 이르는 운용비를 감당하기가 쉽지 않습니다.

이와 같이 다른 나라들은 유지 비용 문제로 한 개의 항모 전단을 운용하기도 힘든 상황에서 미국은 10개 이상의 항모 전단을 유지하며 5대양 6대주를 주름잡고 있습니다. 미국의 조선업은 오래전부터 아시아 국가에 경쟁력을 잃고 사양길에 접어들었지만 항공 모함을 비롯한 군함 제작에서는 독보적인 기술력과 경쟁력을 유지하고 있습니다. 미국 정부도 군함을 제작하는 군수업체가 사라지지 않도록 신규 군함 주문을 계속하고 있습니다.

스텔스 기술로 하늘을 장악한 미국

1959년 소련의 모스크바 국립 대학 박사 과정에 있던 대학원생 표트르 유핌트세프Pyotr Ufimtsev는 물체의 표면에 반사되는 전자기파의 특성에 관한 논문을 완성했습니다. 그의 지도 교수는 복잡한 수식으로 가득한 그의 논문의 가치를 알아보지 못하고 낮은 점수를 주었습니다.

1961년 유핌트세프는 자신의 연구 성과가 누군가에게 필요할지 모른다고 생각해 국제 학술 대회에 논문을 발표했지만 관심을 가진 과학자는 거의 없었습니다. 이때 록히드마틴 소속의 한 과학자는 당장은 아니더라도 언젠가는 유핌트세프의 이론이 필요할지 몰라 주의 깊게 논문을 살펴보았습니다.

1970년대 미국은 소련과 벌이는 제공권 경쟁에서 확실한 우위를 차지하기 위해 이제까지 어느 나라도 시도하지 않은 스텔스기* 제작에 나섰습니다. 스텔스기의 특성을 알려면 우선 레이더의 원리를 이해해야 합니다. 레이더는 하늘로 전자기파를 쏘아 올리는 장치인데, 만약

---

* 적의 레이더에 포착되지 않도록 만든 최첨단 항공기.

상공을 지나는 물체가 있을 경우 전자기파는 물체에 반사되어 지상으로 돌아오며 이를 분석해 비행체의 크기와 종류를 알 수 있습니다. 하늘을 나는 새는 레이더에 작게 나타나지만 덩치가 큰 항공기는 크게 나타나기 때문에 단번에 비행체의 정보를 파악할 수 있습니다.

스텔스기는 정확히 말해 레이더에 아예 잡히지 않는 비행기가 아니라, 새처럼 아주 작게 잡히는 특수한 성능을 지닌 항공기를 의미합니다. 미국 정부로부터 스텔스기 제작을 의뢰받은 록히드마틴은 최고의 연구원으로 구성된 팀을 만들어 기술 한계를 뛰어넘으려고 했지만 뾰족한 해법을 찾지 못했습니다. 거대한 비행기를 레이더에 골프공 크기로 잡히게 하는 기술을 개발하는 일은 처음부터 난관에 부딪혔습니다.

어느 날 록히드마틴을 정년 퇴임한 연구원이 스텔스기 개발에 관한 고충을 듣게 되었습니다. 순간 그의 머릿속에 물체의 표면에 반사되는 전자기파의 특성을 연구한 유핌트세프의 논문이 떠올라 연구진에 알려 주었습니다. 록히드마틴의 연구원들은 유핌트세프의 논문을 분석하면서 놀라움을 금치 못했습니다. 록히드마틴의 기술 한계를 뛰어넘는 해법이 그의 논문 속에 모두 담겨 있었기 때문입니다. 역설적이게도 미국은 소련 공군을 제압하는 스텔스기 제작 기술을 소련 과학자의 이론에서 찾아냈습니다.

1974년부터 시작된 스텔스기 개발은 7년이 지나서야 완성되었습니다. 1981년 세계 최초의 스텔스 공격기 F-117이 등장했지만 미국

세계 최초의 스텔스기인 F-117

정부는 그 존재를 철저히 비밀에 부쳤습니다. 기존의 항공기는 공기 저항을 줄이기 위해 매끈한 유선형 동체를 가졌지만 F-117은 복잡한 다면체 구조를 지녔습니다. 이는 레이더에서 발사되는 전자기파를 흩뜨리기 위해 고안한 방법으로 유핌트세프의 논문에서 빌려 온 것입니다. 또한 전자기파의 반사를 막기 위해 F-117 동체에 전자기파를 흡수하는 특수한 도료를 칠했습니다. 이 같은 신기술 덕분에 거대한 F-117은 작은 새가 날아다니는 것으로 착각할 만큼 소소한 흔적만을 지상의 레이더에 남겼습니다.

　1988년 일반에 공개되기 이전까지 F-117은 주로 밤에만 활동하며 극비리에 임무를 수행했습니다. F-117의 진면목이 드러난 것은 1991년 걸프전 때였습니다. 당시 이라크의 대통령 사담 후세인Saddam Hussein은 미국과 벌일 전쟁에 대비해 완벽한 방공망을 구축하고 있었

미국과 벌인 전쟁에서
참패한 사담 후세인

습니다. 소련에게서 고성능 레이더와 지대공 미사일을 준비해 미군
기가 나타나기만을 기다리고 있었습니다.

전쟁이 일어나자 미국 정부는 스텔스 공격기 F-117에 이라크가
구축한 방공 시스템을 파괴하는 임무를 부여했으며 결과는 대성공이
었습니다. F-117 수십 대가 엄청난 양의 폭탄을 쏟아부으며 이라크
방공망을 초토화할 때까지 이라크의 레이더는 F-117을 발견조차 하
지 못했습니다.

매스미디어를 통해 F-117의 활약을 지켜본 전 세계 군사 전문가
들은 경악을 금치 못했습니다. 레이더에 걸리지 않는 스텔스기를 보
유한 미국과 상대할 수 있는 국가는 지구상에 존재하지 않았기 때문
입니다. F-117이 개발되고 30여 년이 흘렀지만 완벽한 성능을 지닌

이라크와 벌인 전쟁에서
큰 공을 세운
F-117

스텔스기를 만들 수 있는 나라는 미국밖에 없습니다. 중국, 일본, 러시아 등 많은 국가가 스텔스기를 만들기 위해 심혈을 기울이고 있지만 미국이 보유하고 있는 기술에 비하면 한참 떨어지는 수준에 머무르고 있습니다.

'전쟁을 대신해 드립니다!'_민간 군사 기업 전쟁 주식회사 블랙워터

2004년 3월 이라크 중부 팔루자 지역에서 발생한 사건은 미국 전체를 경악하게 했습니다. 미국인 네 명이 이라크 사람들에 의해 살해되어 사지가 잘린 채 다리에 내걸렸기 때문입니다. 팔루자 사람들은 이 시신들을 태우며 흥에 겨워 춤을 추었고 이를 본 미국인들은 충격과 공포에 떨었습니다. 미국 언론은 살해당한 미국인들이 이라크를 돕기 위한 사업가라고 보도했습니다. 민간인에 대한 잔혹한 공격을 비난하는 여론이 빗발쳐 팔루자 지역은 미군의 보복 공격으로 파괴되었습니다.

시간이 흐른 뒤 팔루자에서 살해당한 미국인은 평범한 사람들이 아니라는 사실이 밝혀졌습니다. 피해자들은 '블랙워터'라는 미국의 민간 군사 기업에 근무하던 직원이었고 피살 당일 미군에 군수품을 지원하기 위해 작전을 수행하다가 참변을 당했습니다.

블랙워터는 1997년 미국 노스캐롤라이나주에서 전직 특수 부대

민간 군사 업체인
블랙워터

출신인 에릭 프린스Erik Prince가 설립했습니다. 세계 최강의 용병 회사인 블랙워터의 조직원은 미국이나 다른 나라의 특수 부대 출신으로 인간 병기나 다름없는 사람들입니다. 블랙워터 내에는 군사 훈련소가 있고 그곳에서 조직원은 테러 진압, 시가전 등 다양한 종류의 강도 높은 훈련을 받습니다.

블랙워터에는 언제든지 전쟁 지역에 파견할 수 있는 예비 용병이 2만 명이 넘으며 20여 대의 전투용 헬기와 항공기를 보유하고 있을 정도로 막강한 전투력을 갖추고 있습니다. 블랙워터의 주요 임무는 전쟁 지역이나 테러 빈발 지역에서 중요 인물을 경호하는 일입니다. 이들은 경호 도중 생명에 위협을 느낄 경우 소지하고 있는 무기를 총동원해 격렬한 전투를 치릅니다.

미국은 2003년 일어난 이라크전쟁 때부터 적극적으로 민간 군사 기업을 활용했습니다. 정규 전투를 제외한 모든 분야를 민간 군사 기업에 위탁했습니다. 이들 민간 기업은 군수 물자의 공급, 구내식당 및 세탁소 운영 등 기존에 군이 수행하던 병참 업무를 맡아 수행했습니다.

만약 병참 업무를 대행하는 민간 군사 기업이 없다면 미국 정부는 전쟁 수행을 위해 더 많은 군인을 동원해야 합니다. 대규모로 파병하기 위해서는 강제 징집을 해야 하지만 이에 찬성하는 국민은 거의 없었습니다. 이 같은 문제를 해결하기 위해 미국은 전투 임무 외의 모든 업무를 외주업체에 위탁했습니다. 하지만 이를 위해서는 막대한

세금이 필요했습니다. 블랙워터 한 회사만 하더라도 조직원 1,000여 명을 이라크에 파견하는 조건으로 정부로부터 8억 달러에 달하는 큰 돈을 벌었습니다. 더구나 이라크전쟁을 일으킨 당사자인 딕 체니Dick Cheney 미국 부통령이 전직 CEO로 근무한 민간 군사 기업 핼리버튼 Halliburton은 미국 정부로부터 수십억 달러의 군수 계약을 맺어 사람들의 곱지 않은 시선을 받기도 했습니다.

그뿐만 아니라 이라크전쟁이 끝난 뒤 이라크 내 석유 개발권 역시 핼리버튼이 차지했습니다. 이 과정에서 딕 체니가 핼리버튼이 사업을 수주할 수 있도록 영향력을 행사한 사실이 드러나 미국 사회를 시끄럽게 만들기도 했습니다. 이처럼 민간 군사 기업의 입장에서 전쟁은 처참한 살육이 벌어지는 비극이기에 앞서 손쉽게 돈을 벌 수 있는 절호의 기회로서, 이들은 전쟁이 있어야만 돈을 벌 수 있는 전쟁 주식회사입니다.

일자리 창출과 국가 경쟁력 약화, 군수 산업의 빛과 그림자

1980년대 이후 대부분 국가에서는 지속해서 병력을 줄여 왔습니다. 프랑스는 40%, 영국은 30%, 미국은 20%의 병력을 감축했습니다. 이 기간에 대규모 전쟁은 줄어들었지만 소규모 분쟁은 오히려 늘어났습니다. 분쟁의 원인은 주로 석유, 다이아몬드, 황금 같은 자원을 확보하기 위한 경제적 이해관계가 주를 이루었습니다.

강대국들은 국민의 요구에 따라 병력을 감축했지만 힘의 우위는 계속 누리고자 했습니다. 그래서 민간 군사 기업에 병참 분야를 위탁하여 최소한으로 병력을 유지하는 방법을 사용하기 시작했습니다. 또한 병력 감축의 빈자리를 첨단 무기로 대체하기 시작했습니다. 미국이 자랑하는 최첨단 B-2폭격기는 대당 가격이 20억 달러가 넘고 비행시간당 비용이 15만 달러가 넘습니다. 이는 같은 무게의 금값보다도 비싼 가격입니다. 미국 정부는 B-2폭격기 21대를 사는 데 무려 420억 달러나 되는 세금을 들였습니다.

군산 복합체라는 용어를 처음으로 사용하며 군수 산업체의 기세등등한 모습에 우려를 표명한 아이젠하워 미국 대통령은 전쟁 준비에 돈을 쏟아붓는 것은 '희소한 자원을 낭비하는 것'이라고 단언했습니다

대당 제작 비용이 20억 달러가 넘는 B-2폭격기

다. 장거리 폭격기 한 대를 사는 돈으로 30개 이상의 도시에 학교를 하나씩 지을 수 있고, 구축함 한 대로는 8,000명 이상이 살 수 있는 새집을 지을 수 있다고 말했습니다. 무기를 사기 위해 자원을 마구 쓰는 나라는 그냥 돈을 쓰고 있는 나라가 아니라 과학자의 재능, 노동자의 땀, 아이들의 희망을 낭비하고 있는 나라라고 주장했습니다. 그의 분석은 놀라울 만큼 정확했습니다. 이는 한정된 사회 자원을 파괴적인 목적으로 사용함으로써 국력을 소진하기 때문입니다.

현재 미국 경제가 세계 경제에서 차지하는 비중은 22% 정도이지만 세계 국방비에서 미국이 차지하는 비중은 40%에 육박합니다. 이같은 국방비의 과다 지출은 필연적으로 국력의 약화를 불러옵니다. 특히 2003년 일어난 이라크전쟁부터는 민간 군사 기업에 막대한 세금을 몰아주는 특혜를 주었고 종전 뒤의 이익도 대부분 이들의 몫으로 돌아갔습니다. 이는 세금을 내는 수많은 국민의 돈이 소수 민간 군사 기업의 주머니로 흘러 들어가는 잘못된 분배 형태의 전형입니다.

미국 경제학자들은 2001년부터 2012년까지 미국이 침공한 아프가니스탄전쟁과 이라크전쟁에 관한 전쟁 비용을 산출했습니다. 여기에는 2조 달러에 이르는 직접 비용과 함께 추가로 최소 4조 달러에 이르는 간접 비용이 들어간 것으로 추정했습니다.

간접 비용이란 전쟁에 참전한 250만 명에 달하는 장병에게 드는 보훈 비용을 말합니다. 전투 중에 다친 상이군인에 대한 의료비, 참전한 모든 군인에 대해 평생토록 지급해야 하는 각종 수당과 복지 혜택 등 셀 수 없이 많은 종류의 보훈 비용을 참전 군인이 모두 죽을 때까지 계속 지출해야 합니다. 이로 인해 미국 정부는 앞으로도 수십 년간 재정 압박을 받아야 하며 그만큼 교육 및 연구 개발을 위해 투자할 자원이 줄어들게 됩니다.

특별한 사정이 없는 이상 무리한 전쟁으로 인해 미국은 재정적으로 예전보다 못할 가능성이 한층 높아진 상태입니다. 하지만 군수업체의 끊임없는 로비 활동 때문에 국방비 감축이 쉽지 않습니다.

미국 정부는 군수 산업체와 한 몸이나 다름없습니다. 이는 F-35를 제작하는 록히드마틴과 미국 공군의 관계를 보면 알 수 있습니다.

록히드마틴은 미국 전역에 골고루 분산된 공장에서 생산한 부품을 미국 남부 텍사스의 공장으로 가져와 F-35를 조립합니다. 록히드마틴의 공장은 일반적인 공업 지대에 있는 것이 아니라, 텍사스주 미국 공군 기지 안에 있습니다. 일반인이나 기업은 특별한 이유 없이 공군 기지 안으로 들어갈 수 없지만 록히드마틴은 정부가 소유한 공군 기지 내에서 전투기를 생산하고 있습니다. 공장의 규모도 엄청나 전투기 조립 라인 길이만 해도 1.6km에 달해 세계 최장의 길이를 자랑합니다.

록히드마틴의 직원은 공군 기지 내 거의 모든 곳을 자유로이 이용할 수 있을 정도로 좋은 대우를 받습니다. 물론 정부는 최첨단 전투기를 만드는 공장을 안전하게 보호하기 위해 공군 기지 내에 전투기 생산 공장을 두었다고 말하지만, 이는 미국 사회가 완벽한 군산 복합체 국가라는 사실을 여실히 보여주고 있습니다.

미국의 군수 산업은 근시안적으로 보면 수백만 명의 일자리를 창

군대와 군수업체가 한 몸이나 다름없는 미국

출하고 있는 산업이지만, 장기적인 관점에서 보면 미국의 국가 경쟁력을 갉아먹는 부정적인 역할을 하고 있습니다. 하지만 군수 산업체는 강력한 군수 산업이야말로 적으로부터 미국을 보호하고 더 나아가 세계 평화를 지키는 방패라고 주장하며 그들의 존재 이유를 국민에게 이해시키려고 합니다. 이 같은 군수 산업체의 주장이 상당한 설득력을 발휘해, 미국인들은 세금 중 막대한 금액이 무기 제조에 쓰이는 데 대해 별다른 반감을 갖지 않습니다.

★

무기 판매에 따른
국가 친밀도

　미국은 세계 최대의 무기 수출국이지만 돈이 있다고 누구나 미국산 무기를 살 수 있는 것이 아니다. 미국은 북한, 러시아, 이란, 중국처럼 적대국가에는 그들이 돈을 아무리 준다고 하더라도 무기를 팔지 않는다. 미국은 우방국이라 하더라도 친밀도와 신뢰도에 따라 판매하는 무기를 달리한다. 유가 안정을 위해 꼭 필요한 사우디아라비아에는 원하는 대로 무기를 판다. 심지어 미국 국방성에는 아예 전담 부서가 따로 있어 사우디아라비아의 요청을 신속히 처리해 준다.

미국과 이스라엘의 미사일 방어 시스템 테스트

이스라엘 역시 최신 미국산 무기를 마음대로 골라 살 수 있는 나라다. 미국의 유대인이 경제계와 정치계를 주름잡고 있는 덕분에 이들의 고국 이스라엘은 특별한 혜택을 누린다. 게다가 미국은 유대인의 입김으로 해마다 막대한 양의 최신 무기를 이스라엘에 무상으로 원조하고 있다.

　　일본과 미국은 제2차 세계대전에서 총부리를 겨눈 사이였지만 종전 뒤에는 동맹으로 발전해 친구처럼 지내고 있다. 미국은 앞선 기술력을 보유한 일본과 무기를 공동으로 개발할 정도로 일본을 신뢰한다. 미국이 자랑하는 스텔스 전투기 역시 일본의 도움으로 완성할 수 있었다. 일본이 개발한 특수한 도료는 적군의 레이더를 흡수하는 기능을 가졌는데 미국의 스텔스 전투기 표면은 일본이 공급한 도료가 칠해져 있다.

　　타이완의 경우 미국과 중국의 관계에 따라 냉탕과 온탕을 오간다. 양국이 사이가 좋을 때는 미국은 타이완에 무기를 공급하는 것을 꺼린다. 설령 타이완의 요청으로 무기를 공급하더라도 중국을 자극하지 않기 위해 구형 무기만 판매한다. 그러나 사이가 벌어지면 타이완은 이전과 다른

미국산 무기로 무장한 타이완 해군

대접을 받는다. 미국은 중국을 견제하기 위해 타이완에 첨단 무기를 공급할 뿐만 아니라 항공 모함을 타이완으로 보내 중국을 위협한다.

특히 중국에게 패권 전쟁을 선언한 도널드 트럼프 대통령은 타이완이야말로 중국을 압박하기 위한 최고의 도구로 여겨 타이완이 원하는 무기를 판매했다. 타이완도 몇십 년에 한 번 올까 말까 한 기회를 놓치지 않기 위해 거액의 국방 예산을 들여 미국산 무기 구매에 나서 타이완군의 현대화를 이루었다.

터키의 경우 오래전부터 미국과 동맹 관계여서 미국산 첨단 무기를 우선으로 공급받았지만 2000년대 들어 친러시아 성향으로 돌아서면서 미국의 버림을 받게 되었다. 터키는 미국산 무기 대신 러시아제 무기를 수입하는 강수를 두며 미국에 저항하기도 했다.

미국은 아프리카나 남미의 가난한 친미 국가에 수명이 거의 다 된 무기를 그냥 주며 생색을 내기도 한다. 비록 수명이 다 된 무기라고는 하지만 이는 세계 최강의 전투력을 유지하려는 미군의 기준이며 다른 나라에서 쓰는 데에는 아무런 문제가 없다. 구형 무기를 통한 국방 외교는 미국과 가난한 나라를 끈끈하게 만드는 중요한 요소이며 친미 국가가 누리는 혜택이기도 하다.

이와 같이 미국의 우방 국가들은 미국으로부터 구매할 수 있는 무기의 종류와 질에 따라 미국과 얼마나 친밀한 관계에 있는지 확인할 수 있다.

5장

국가 간 치열한 경쟁을 보이는

항공 산업

인류 최초의 비행에 성공한 라이트 형제

새처럼 자유롭게 하늘을 나는 것은 땅에 발을 붙이고 살아야 하는 인간의 오랜 바람이었습니다. 15세기 이탈리아의 발명가이자 화가인 레오나르도 다 빈치Leonardo da Vinci는 유럽 최초로 10년간 새의 비행 원리 탐구와 비행기 제작을 위한 연구를 진행했습니다. 그 결과 다 빈치는 새의 비행 원리를 알아내는 데 성공해 박쥐 모양을 닮은 비행기 모형도를 그리기도 했지만 기술 부족으로 실천에 옮기지는 못했습니다.

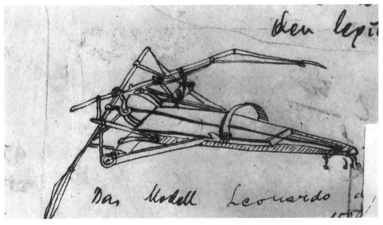

비행기의 시초가 된 레오나르도 다 빈치의 비행기

하지만 다 빈치의 연구는 뒷날 비행기를 만들려는 사람들에게 커다란 영감을 주었습니다. 1891년 독일의 발명가 오토 릴리엔탈Otto Lilienthal이 글라이더를 제작해 공중을 날면서 인류에게 날 수 있다는 가능성을 보여 주었습니다. 그는 글라이더를 타고 무려 2,500회나 하늘을 날며 안전하게 좀 더 멀리 날 방법을 연구해, 이를 기반으로 비행기 제작에 나서고자 했습니다.

아쉽게도 1896년 릴리엔탈은 글라이더로 하늘을 날던 도중 갑작스레 강풍을 만나 목숨을 잃고 말았습니다.

릴리엔탈의 죽음은 언론을 통해 전 세계에 알려져 하늘을 날고자 했던 많은 사람에게 충격을 주었습니다. 그에게 크게 영향을 받은 사람 중 라이트 형제가 있었습니다. 미국 오하이오주에서 공동으로 기계 완구와 자전거 가게를 운영하던 라이트Wright 형제는 릴리엔탈이

인류의 항공 시대를 연 라이트 형제

글라이더 시험 중 추락사했다는 소식을 접하고 항공에 관심을 가져 비행기 연구를 시작했습니다. 라이트 형제는 어려운 가정 형편 때문에 고등학교도 마치지 못했지만 공학 분야에 남다른 열정이 있었습니다. 그들은 시중에 나와 있는 공학 서적을 독파하며 여느 공학자 못지않은 해박한 전문 지식을 기반으로 비행기 제작에 나섰습니다.

라이트 형제는 본격적인 비행기 제작에 앞서 글라이더를 만들어 1,000번 이상 하늘을 날았습니다. 수많은 비행을 통해 자신감을 얻은 그들은 바람이 아닌 동력으로 하늘을 날려는 원대한 꿈을 지니게 되었습니다. 그들은 수많은 시행착오 끝에 가솔린 기관 제조에 성공해 1903년 12월 인류 역사상 최초로 동력 비행에 나섰습니다. 그들이 만든 비행기 '플라이어 1호'가 12마력의 발동기를 달고서 12초 동안 36m를 나는 데 성공함으로써 인간의 오랜 염원이었던 하늘을 나는 꿈이 실현되었습니다.

라이트 형제는 최초의 비행 성공 이후 계속 비행에 나서 59초 동안 259m를 날아가기도 했습니다. 하지만 네 번째 비행 도중 추락 사고가 발생해 비행기가 형체를 알아볼 수 없을 만큼 심각하게 파손되어 도전은 중단되었습니다.

라이트 형제는 더 좋은 성능의 비행기를 만들기 위해 연구를 거듭했습니다.

1905년 라이트 형제가 만든 플라이어 3호가 38분 동안 40km 거리의 하늘을 날면서 본격적인 비행 시대가 막을 열었습니다. 라이

비행기를 타고 하늘을 나는 데 성공한 라이트 형제

트 형제는 미국뿐 아니라 유럽을 돌면서 자신들이 만든 비행기를 선보였고 1906년에는 '하늘을 나는 기계'로 특허를 얻기도 했습니다. 1908년부터는 '아메리칸 라이트 비행기 제작 회사'를 설립해 본격적으로 항공기 제조 사업에 뛰어들었습니다.

사람들의 폭발적인 관심 속에 회사는 성장을 거듭했지만 1912년 5월, 형 윌버 라이트Wilbur Wright가 장티푸스로 죽자 모든 것이 한순간에 바뀌었습니다. 동생 오빌 라이트Orville Wright는 형의 급작스러운 죽음으로 큰 충격을 받고 삶에 흥미를 잃었습니다. 그는 회사를 다른 사람에게 팔아 치우고 은둔자 생활을 하다가 1948년 조용히 세상을 떠났습니다.

최초로 비행기로 대서양을 횡단, 하늘길을 열다

라이트 형제가 세계 최초로 비행기 개발에 성공한 이후 많은 사람이 비행기 제작에 뛰어들었습니다. 이로 인해 비행기의 성능은 나날이 나아졌지만 장거리 비행에는 무리가 따랐습니다.

미국인 대부분이 유럽 출신이기 때문에 대서양 건너 유럽을 방문하려는 사람이 적지 않았지만 뱃길이 험해 쉽지 않았습니다. 특히 노인과 어린이는 거친 파도를 헤치고 몇 주일이 걸리는 항해를 견딜 수가 없었습니다. 비행기로 대서양을 건널 수만 있다면 더없이 좋은 일이었지만, 5,000km가 넘는 바닷길을 거뜬히 건널 만한 비행기를 만들기가 힘들었습니다.

1919년 영국의 존 올콕_{John Alcock}과 아서 브라운_{Arthur Brown}이 최초로 비행기를 타고 대서양을 횡단하면서 하늘길에 새로운 지평을 열었습

유럽과 미국 사이에 있는 대서양

니다. 두 사람은 유럽 아일랜드에서 출발해 캐나다 뉴펀들랜드까지 16시간 동안 쉬지 않고 비행해 대서양 횡단에 성공했습니다. 하지만 뉴펀들랜드는 북미 대륙에서 떨어진 섬이고 아일랜드 역시 유럽 대륙에서 떨어져 있는 섬이기 때문에 진정한 대륙 횡단이라고 생각하지 않는 사람이 많았습니다.

1919년 미국의 백만장자 레이먼드 오티그Raymond Orteig는 유능한 조종사들이 미국과 유럽을 잇는 진정한 대서양 횡단에 도전하도록 유도했습니다. 그는 5년 내에 뉴욕에서 파리까지 무착륙 대서양 횡단에 성공하는 사람에게 상금 25,000달러를 주겠다며 분위기를 띄웠습니다. 약속한 상금은 현재 가치로 30만 달러가 넘는 큰돈이었습니다. 하지만 오티그가 정한 1924년까지 한 사람도 대서양 횡단에 나서지 않았습니다. 조악하던 당시의 비행기로는 도저히 대서양을 횡단할 수 없었기 때문입니다.

기간 내에 자원자가 나타나지 않자 오티그는 기간을 10년으로 연장했습니다. 1926년 9월 드디어 첫 번째 도전자가 등장했습니다. 도전자는 프랑스 공군이 낳은 최고의 전투기 조종사로 불리던 르네 퐁크René Fonck였습니다. 그는 제1차 세계대전 기간 중 적기를 무려 75대나 격추한 에이스*였습니다.

1926년 9월 21일 퐁크는 승무원 2명과 함께 비행기에 연료를 가

---

* 전쟁 시에 적기를 5대 이상 격추한 공군 조종사.

득 싣고 뉴욕 루스벨트 공항에서 비행기를 이륙시키고자 했습니다. 하지만 비행기가 이륙하기 직전에 기체 결함으로 폭발하면서 화염에 휩싸이고 말았습니다. 퐁크는 비행기를 빠져나와 기적으로 목숨을 구했지만, 그와 뜻을 함께한 동료는 모두 숨을 거두고 말았습니다.

1927년 4월에는 비행기로 북극점에 도달했던 유명한 항공 모험가 리처드 버드Richard Byrd가 출사표를 던졌습니다. 하지만 비행기가 추락하는 바람에 큰 부상을 입고 모험을 끝내야 했습니다. 이후에도 여러 명이 대서양 횡단에 도전했지만 모두 대서양 바다에 추락해 시신조차 찾을 수 없었습니다. 사고가 잇따르자 사람들은 대서양 횡단 길을 저승길처럼 느꼈습니다.

찰스 린드버그의 무모한 도전, 최초의 논스톱 대서양 횡단 비행

미국과 유럽의 내로라하는 조종사들이 연달아 대서양 횡단 비행에 실패하자 사람들은 아예 기대를 접고 있었습니다. 그런데 1927년 미국인 찰스 린드버그Charles Lindbergh가 대서양 횡단 비행에 나서자 미국 사회가 들뜨기 시작했습니다.

린드버그는 1902년 미시간주 디트로이트의 부유한 집안에서 태어

대서양 횡단에 나선 찰스 린드버그

났습니다. 그의 아버지는 연방 하원을 지낸 엘리트였고 어머니는 교사였습니다.

1923년 린드버그는 제1차 세계대전 당시 전투기로 활용한 비행기를 구입하면서 자가용 비행기를 갖게 되었습니다. 이후 비행술은 물론 비행기 자체에 관해서도 깊이 연구할 기회를 갖게 되어 비행은 그의 삶의 일부가 되었습니다. 대학을 졸업한 뒤 그는 비행기로 우편물을 나르는 일을 하며 돈벌이를 하다가 1927년 대서양 횡단에 나섰습니다.

린드버그는 시작부터 커다란 난관에 봉착했습니다. 뉴욕에서 파리까지 5,800km를 비행하려면 세 명이 한 팀을 이루어 역할을 분담해야 했습니다. 또한 비행기도 엔진이 3개 이상은 되어야 한두 개가 고장 나더라도 비행을 계속할 수 있었습니다.

유럽 출신 최고 파일럿도 성공하지 못한 대서양 횡단 비행을 25세인 아마추어 조종사 린드버그가 도전하고 나섰을 때 누구도 함께하지 않았습니다.

결국 린드버그는 함께 비행할 사람을 찾지 못해 단독 비행이라는 무리수를 두었습니다. 최소 30시간이 넘는 비행을 혼자서 수행하기란 거의 불가능에 가까웠지만 그에게 남은 선택권이란 아무것도 없었습니다. 단독 비행을 하게 된 그는 엔진이 하나뿐인 비행기를 개조해 엔진과 프로펠러 등 비행하는 데 필요한 부품을 제외하고 모두 떼어내 연료를 싣는 공간으로 활용했습니다.

린드버그는 연료를 아끼기 위해 낙하산, 구조 신호용 조명탄 등 추락 시 생존에 꼭 필요한 장비마저도 싣지 않은 채 비행에 나섰습니다. 종이 지도마저도 필요 없는 부분은 찢어 내며 무게를 줄였고, 음식으로는 샌드위치 5조각에 생수 1ℓ만 실었습니다. 이로써 그는 5,800km나 떨어진 파리까지 가는 데 필요한 양의 연료를 실을 수 있었지만, 하나뿐인 엔진이 고장이라도 난다면 곧바로 목숨을 잃어야 하는 처지였습니다.

1927년 5월 20일 아침 린드버그는 고도계나 위성 항법 장치도 없이 나침반 하나를 들고 뉴욕 루스벨트 공항을 이륙했습니다. 적지 않은 사람이 공항에 모여들었지만 성공을 확신하는 사람은 거의 없었습니다. 이후 린드버그는 끝없이 펼쳐진 대서양 상공을 나침반에 의존한 채 유럽 대륙을 향해 전진했습니다. 해가 지고 밤이 되자 기온이 급격히 내려가면서 살을 에는 듯한 추위가 닥쳐왔습니다. 이는 고도가 높아질수록 기온이 낮아지기 때문이었습니다.

비행기 날개가 얼음으로 뒤덮이자 린드버그는 극도로 공포를 느끼기 시작했습니다. 그는 추락 사고를 면하기 위해 해가 뜰 때까지 고도를 낮추며 조심스럽게 비행기를 몰았습니다. 시간이 흐르면서 이번에는 졸음이 그를 괴롭히기 시작했습니다. 좁은 조종석에 앉아 온종일 바다를 내려다보는 일은 단조롭기 그지없어 쉽게 피로해졌습니다. 그는 졸음을 쫓기 위해 노래를 부르고 몸을 꼬집어 가면서 잠을 이겨 냈습니다.

파리에 도착하는 찰스 린드버그

비행을 시작한 지 33시간이 지나자 파리의 야경이 린드버그의 눈에 들어오기 시작했습니다. 파리 시민들은 린드버그가 안전하게 공항에 착륙할 수 있도록 돕기 위해 차를 몰고 나와 전조등을 환하게 켠 채 공항까지 두 줄로 길에 늘어서 있었습니다. 그 덕분에 린드버그는 깜깜한 밤하늘 위에서 쉽게 공항을 찾을 수 있었습니다. 린드버그는 무려 33시간 30분이라는 긴 비행 끝에 파리 시간으로 5월 21일 밤 10시 24분 르부르제 Le Bourget 공항에 안전하게 착륙했습니다. 공항에는 10만 명이 넘는 인파가 쏟아져 나와 그의 대서양 횡단을 열렬히 축하해 주었습니다.

더 빨리 날게 하는 새로운 동력, 제트 엔진의 개발

린드버그의 대서양 횡단은 항공 산업이 급성장하는 계기가 되었습니다. 미국과 유럽에 항공기 제작사가 우후죽순으로 생겨나며 치열한 생존 경쟁을 벌이는 과정에서 비행기의 성능은 비약적으로 향상되었습니다. 시간이 흐를수록 항공 여행이 보편화되면서 대서양을 비행기로 건너는 일은 일상이 되어 갔습니다.

초창기 나무를 재료로 만들었던 비행기는 금속을 사용하게 되면서 이전보다 훨씬 튼튼해졌습니다. 라이트 형제 이후 비행기는 프로펠러의 힘으로 하늘을 날았습니다. 하지만 프로펠러 비행기는 속도를 내는 데 한계가 있어 시속 700km가 넘어서면 비행이 불가능했습니다. 따라서 비행기를 더 빠른 속도에서 안전하게 운항하려면 프로펠

고속 비행이 불가능한 프로펠러 비행기

러의 한계를 뛰어넘는 새로운 추진체가 필요했습니다.

비행기의 기술 발전에 커다란 도약이 필요한 시점에 등장한 인물이 영국의 프랭크 휘틀Frank Whittle과 독일의 한스 폰 오하인Hans von Ohain입니다. 두 사람은 거의 비슷한 시기에 신형 추진체인 제트 엔진* 개발을 시작했습니다.

프로펠러는 회전하는 가운데 대기 중의 공기를 빨아들이고 동시에 배출하면서 추진력을 얻게 됩니다. 공기 배출 속도가 빠를수록 추진력이 강해지지만 초당 회전할 수 있는 수가 한정된 프로펠러로는 일정 속도 이상을 낼 수 없습니다. 하지만 제트 엔진은 프로펠러와 전혀 다른 방식으로 추진력을 만들어 냅니다. 제트 엔진으로 들어온 공기는 연소실에서 열을 가해 팽창된 뒤 좁은 분출구를 통해 빠른 속도로 배출되기 때문에 프로펠러보다 강한 추진력을 얻을 수 있습니다.

1928년 휘틀은 공군 복무 중 자신이 개발한 제트 엔진 기술을 채택해 달라고 정부에 제안했지만 무시당했습니다. 영국 정부는 당시 21살에 지나지 않던 그의 기술을 허황한 주장으로 여겼습니다. 1930년 휘틀은 개인 명의로 제트 엔진에 관한 특허 출원을 완료했지만 개발비가 없어 제품화하는 데 성공하지는 못했습니다.

1935년 휘틀은 투자자를 만나 제트 엔진 개발에 나섰습니다. 2년 뒤인 1937년 세계 최초로 제트 엔진을 탄생시켰지만 휘틀이 만든 제

---

* 공기를 흡입해 연료를 연소시켜 고온 가스를 만드는 열기관.

속도 혁명을 일으킨 제트 엔진

트 엔진은 영국 공군이 채택하지 않아 항공기에 장착되지는 못했습니다. 반면 독일의 오하인이 개발한 제트 엔진은 휘틀의 제트 엔진보다 5개월 늦은 1937년 9월에 완성되었으나 1939년 독일 비행기 '하인켈 178'에 장착되어 첫 비행에 성공함으로써 세계 최초로 실전 비행에 성공한 제트 엔진이라는 명예를 얻었습니다.

1940년 미국 군용기 제작업체 록히드마틴 역시 제트 엔진을 장착한 제트 전투기 F-80을 제작하며 미국 최초로 제트기를 만드는 데 성공했습니다. 이들이 개발한 제트 엔진은 제2차 세계대전 이후 본격적으로 보급되기 시작해 지금까지 널리 사용되고 있습니다. 강력

미국 최초의 제트기인 F-80

한 제트 엔진이 없었다면 수백 톤에 달하는 비행기를 하늘에 띄우는 일은 불가능했습니다. 제트 엔진은 라이트 형제의 비행기 개발만큼이나 획기적인 일이었습니다.

비행기의 역사가 된 보잉

영토가 광활한 미국은 항공 산업이 발달하기에 최적의 조건을 가진 나라입니다. 19세기까지만 하더라도 철도를 이용해 동부에서 서부로 이동했지만 비행기에 비하면 철도는 거북이걸음을 하는 것과 다름없었습니다. 이런 까닭에 라이트 형제가 비행기를 개발하자마자 미국 전역에 수많은 항공기 제작 회사가 생겨나면서 치열한 생존 경쟁을 벌였습니다.

1916년 설립된 항공 회사 보잉은 미국의 항공 산업을 이끌며 비행기의 역사를 만들어 갔습니다. 설립 이후 꾸준히 사세를 확장해 가던 보잉은 제2차 세계대전을 계기로 비약적인 성장을 이루었습니다. 미국은 유럽과 태평양 두 곳에서 독일과 일본에 맞서 전쟁을 치러야 했는데, 이 과정에서 엄청난 수의 전투기와 폭격기가 필요했습니다.

미국 항공기 제조사 보잉의 설립자인 윌리엄 보잉

보잉이 전쟁 기간에 개발한 수많은 비행기 중 B-29 폭격기는 항공 산업 발전의 획을 긋는 놀라운 기술 진보의 상징이었습니다. 1939년 나치 독일이 폴란드를 침공하면서 시작된 제2차 세계대전은 예상 밖으로 독일군의 압도적인 우세가 지속되면서 미국을 불안하게 만들었습니다. 미국은 유럽 전역이 나치 독일의 점령 아래 들어갈지 모르는 우려 속에서 대응책으로 대서양을 왕복할 수 있는 장거리 폭격기 개발에 나섰습니다. 영국을 비롯한 미국의 우방국이 나치 독일의 수중에 떨어질 경우 히틀러와 맞설 방법은 미국 본토에서 출격하는 것 외에는 없었기 때문입니다.

B-29 개발에 성공한 보잉

대형 폭격기 B-29의 내부 모습

　미국 정부는 장거리 폭격기 개발을 보잉에 맡기고 개발비를 전폭 지원했습니다. 보잉은 장거리 폭격기 개발을 위해 총력을 기울였지만 대서양을 왕복하는 대형 폭격기를 만드는 일은 쉽지 않았습니다. 정부의 까다로운 요구 사항을 충족시키기 위해 수차례에 걸쳐 설계

변경을 한 끝에 1942년 시제품을 완성했습니다. 이듬해 2월에 있었던 시험 비행에서 비행기가 추락하는 바람에 끔찍한 인명 손실을 입기도 했지만 같은 해 7월 정부의 모든 요구 사항을 만족시키는 시제품을 완성했습니다.

'거대한 요새'라는 별칭으로 불린 B-29는 동체 길이만 30m가 넘었습니다. 폭탄을 10t 이상 적재하고 10,000m 이상 되는 높은 고도에서 작전을 펼칠 수 있었으며 당시까지 개발된 비행기 중 가장 덩치가 컸습니다. 새로 개발된 여압 장치* 덕분에 조종사를 비롯한 승무원은 산소마스크와 거추장스러운 방한복을 입지 않고 평상복 차림으

---

* 항공기의 압력을 조정하는 장치.

엄청난 파괴력을 보여 주었던 B-29

로 편안하게 폭격 임무를 할 수 있었습니다. 또한 비행 기록 장치*도 설치되었는데, 이러한 신기술은 이후에 제작되는 민간용 항공기에도 활용되었습니다.

1944년 3월 B-29는 일본과 벌이는 태평양 전쟁에 실전 배치되어 수백 회에 걸쳐 일본 본토 폭격 임무를 수행했습니다. 거대한 B-29 폭격기가 나타나 일본의 주요 도시를 초토화했지만 일본은 어떠한 대응도 할 수 없었습니다. 당시 일본의 기술력으로 지상 1만 m 상공까지 올라갈 수 있는 항공기를 만들 수 없었기 때문입니다. B-29 폭격기 수백 대가 동시에 이륙해 일본 하늘을 새까맣게 덮고 엄청난 양의 폭탄을 퍼부었습니다.

---

* 비행 중 항공기에 관한 모든 자료를 자동으로 기록하는 장치.

1945년 8월 B-29에 실린 원자 폭탄이 히로시마와 나가사키에 떨어져 모든 것을 없애 버리자 일본도 더는 버티지 못하고 항복을 선언했습니다. 제2차 세계대전에서 미국이 최후의 승자가 될 수 있었던 까닭은 보잉과 같은 뛰어난 항공기 제조업체의 뒷받침이 있었기 때문입니다.

미국과 소련의 냉전 시대, 군사 정보를 획득하기 위한 치열한 항공 기술의 개발

제2차 세계대전 이후 소련이 군사력 증강에 박차를 가하자 미국은 심각한 위협을 느끼기 시작했습니다. 미국 역시 국방비를 대거 증액하며 군사력 강화에 나섰습니다. 미·소 간의 치열한 군비 경쟁인 냉전이 시작되자 미국은 소련의 군사 동향을 철저히 감시하고자 새로운 정찰기 개발에 나섰습니다.

1950년대 초반에 미국은 뛰어난 항공기 제조 기술력을 보유한 록히드마틴사에 신형 정찰기 개발을 의뢰했습니다. 1955년 당시로는 최고의 항공 기술이 집약된 U-2 정찰기가 세상에 모습을 드러냈습니다. U-2는 지상에서 20km가 넘는 높은 고도에서 비행할 수 있는 최초의 항공기였습니다. 고고도高高度 에서 비행할 경우 소련의 지대공 미사일* 과 전투기의 위협에서 벗어날 수 있기 때문에 U-2는 소련 상공을 제집 드나들듯 했습니다. 소련은 미국에 심어 놓은 스파이를 통

---

* 지상, 함상에서 공중의 목표를 향해서 발사하는 미사일.

고고도 비행이 가능했던 U-2 정찰기

해 U-2가 소련 영공을 침범해 중요한 군사 시설을 촬영하고 있다는 사실을 알게 되었지만, 이에 대한 대책 마련이 쉽지 않았습니다. 당시까지만 하더라도 우주에서 지상의 목표물을 감지할 수 있는 첩보 위성이 존재하지 않았기 때문에 U-2를 보유한 미국은 군사 정보를 수집하는 데 있어 소련에 비해 훨씬 유리한 위치에 섰습니다.

소련은 기술력 부족으로 고고도 정찰기를 만들 수 없었기 때문에 U-2를 격추시킬 수 있는 고성능 지대공 미사일 개발에 박차를 가했습니다. 1960년 5월 소련 영공을 날고 있던 U-2가 소련의 최신형 지대공 미사일에 격추되면서 극비리에 운용되던 U-2의 실체가 탄로 났습니다. 당시 소련의 지도자 니키타 흐루시초프Nikita Khrushchev는 그

동안 미국 정찰기가 소련의 영공을 수시로 침범한 사실에 격노하기만 하다가 확실한 증거를 잡자 맹비난을 퍼부었습니다. 미국은 변명할 여지를 찾지 못해 소련에 사과했지만 정찰 활동을 포기할 생각은 없었습니다.

미국은 U-2를 대신할 새로운 정찰기 개발에 착수했고 이번에도 록히드마틴이 정부로부터 신무기 개발 임무를 부여받았습니다. 1964년 록히드마틴은 U-2의 성능을 뛰어넘는 'SR-71'이라는 새로운 정찰기를 개발하는 데 성공했습니다.

블랙버드Blackbird라는 애칭이 붙은 SR-71은 U-2보다 높은 고도인 지상 25km 상공에서 비행할 수 있도록 설계되었습니다. SR-71이 높은 고도로 날기 때문에 산소가 희박하고 기압이 낮아 조종사에게

특수한 조종복이 필요했던 SR-71

는 우주 비행사 수준의 특수한 복장이 필요했습니다.

　SR-71은 최고 마하3.3(대략 시속4,000km)이라는 빠른 속도로 비행하는데, 이 경우 대기와 발생하는 마찰열로 인해 기체의 표면이 300℃에 이를 정도로 뜨겁게 달궈지는 문제가 발생합니다. 일반 항공기 소재로는 마찰열을 도저히 견뎌낼 수 없기 때문에 록히드마틴은 새로운 소재인 티타늄*으로 SR-71의 동체를 제작했습니다.

　록히드마틴은 동체를 제작하면서 일부러 각각의 부품을 느슨하게 조립했습니다. 초고속으로 비행할 경우 발생하는 마찰열 때문입니다. 일반 항공기처럼 처음부터 틈새 없이 부품을 조립하면 마찰열로

---

* 원소의 하나로서 주로 합금에 이용한다. 티탄 또는 티타늄이라고도 불린다.

고고도에서 지상을 손바닥 보듯 정찰할 수 있는 SR-71

부피가 팽창하면서 금속 부품끼리 서로 부딪쳐 SR-71은 공중에서 폭발합니다. 모든 부품이 느슨하게 연결된 SR-71은 덜컹거리며 아슬아슬하게 이륙하지만 상공에서 속도를 내기 시작하면서 모든 부품이 팽창하여 완벽한 형태를 갖추고 세계 최초로 마하 3이라는 엄청난 속도로 하늘을 날았습니다. SR-71에 설치된 고성능 카메라는 지상에 있는 30cm 크기의 물체를 식별할 수 있을 정도로 뛰어나 미국은 적대국의 움직임을 손바닥 보듯 파악할 수 있었습니다.

소련은 SR-71의 존재를 파악하고 U-2를 격추한 지대공 미사일을 발사했지만 SR-71을 격추할 수는 없었습니다. 소련의 지대공 미사일보다 SR-71의 속도가 훨씬 빨랐기 때문입니다. 소련은 지대공 미사일 4,000여 발을 발사했지만 SR-71을 한 대도 격추하지 못했습니다.

1990년대 초반에 소련이 붕괴하고 냉전이 미국의 승리로 끝나면서 SR-71의 존재 가치도 점차 퇴색되어 갔습니다. 미국은 50년 가까이 사활을 걸고 경쟁하던 소련이 사라지자 더는 소련에 정찰기를 보낼 이유가 없었습니다. 게다가 1990년대 들어 첩보 위성의 역할이 커지면서 정찰기의 필요성이 이전보다 크게 줄어들자 1998년 SR-71을 퇴역시켰습니다.

세계 여객기 시장을 장악한 보잉 747

제2차 세계대전 기간에 미국 항공 산업계가 생산한 각종 군용기의 수는 총 28만여 대에 달합니다. 이는 라이트 형제가 비행기를 개발한 이후부터 제2차 세계대전 이전까지 미국 내에서 생산한 모든 비행기보다 많은 양으로서 전쟁을 계기로 미국 기업들은 효율적으로 항공기를 생산하는 방법을 터득했습니다.

초대형 폭격기를 제조하며 효율적인 항공기 제조 비법을 습득한 보잉은 전쟁이 끝난 뒤 민간용 대형 항공기 시장을 개척해 항공 산업의 새로운 장을 열었습니다. 보잉은 항공 기술 발전을 이끌며 세계 최대 여객기 제조업체라는 지위를 누렸습니다. 하지만 1960년대 들어 경쟁업체들이 신형 비행기를 쏟아 내면서 보잉은 점차 궁지에 몰렸습니다.

1966년 보잉은 불리한 전세를 만회하고 폭발적으로 늘어나는 항

공 여객 수요에 부응하기 위해 한 번에 승객을 400명 이상 태워 나를 수 있는 초대형 여객기 개발에 나섰습니다. 신형 초대형 여객기는 미국에서 아시아까지 중간 기착 없이 한 번에 날아갈 수 있는 항속 거리가 1만 2,000km인 장거리용 비행기였습니다. 하지만 승객과 화물을 가득 실었을 때 무게가 400t이 넘는 무거운 비행기를 하늘에 띄운다는 것은 당시 기술로서는 불가능에 가까웠습니다.

보잉은 신형 초대형 여객기 개발에 회사의 사활을 걸기로 하고 3년 동안 노력을 기울였습니다. 연구원들은 세계에서 가장 큰 비행기를 만든다는 사명감으로 크리스마스 이외에는 휴일도 없고 밤낮 없이 일해 7만 5,000장에 달하는 설계도를 그려 냈습니다. 또한 기존 항공기보다 두 배나 큰 비행기를 생산할 수 있는 초대형 공장을 짓기

천문학적 개발 비용을
쏟아부어 탄생시킨
보잉 747

위해 엄청난 돈을 들였습니다.

　1968년 9월 동체 길이 70m, 날개 길이 64m에 이르는 초대형 여객기가 세상에 모습을 드러냈습니다. 보잉은 새로운 초대형 여객기의 명칭을 '보잉 747'이라 정하고 많은 사람이 보는 앞에서 시험 비행에 성공했습니다. 200t이 넘는 거대한 비행기는 굉음과 함께 힘차게 하늘로 솟아올랐습니다. 보잉 747이 등장함으로써 전 세계 어디나 비행기를 타고 손쉽게 갈 수 있게 되었고, 보잉은 항공기 시장에서 독보적인 존재로 군림했습니다.

보잉은 대당 2,000억 원이 넘는 대형 여객기 시장을 석권함으로써 막대한 이익을 냈고, 일자리 수십만 개를 창출해 내면서 미국 경제에 큰 도움을 주었습니다. 1960년 이후 미국 제조업은 유럽과 일본에 밀려 경쟁력을 계속 잃어 가는 상황이었으나, 보잉이 항공 산업에서 선전해 미국 제조업의 자존심을 지켜 주었습니다.

세계에서 가장 빠른 비운의 여객기, 콩코드

미국이 세계 항공 산업을 주도하게 되자 유럽은 심기가 불편했습니다. 비행기는 라이트 형제가 만들었지만 그에 버금가는 혁신적인 발명품인 제트 엔진을 만든 것은 유럽이었기 때문입니다. 1962년 영국과 프랑스는 항공 산업의 주도권을 미국에서 빼앗고 구겨진 자존심을 회복하기 위해 초음속 여객기 개발 사업인 '콩코드 프로젝트'를 시작했습니다. 콩코드Concorde란 화합과 협력을 의미하는 프랑스어로 역사적으로 사이가 좋지 않던 두 나라가 미국을 이기기 위해 힘을 합친 것을 상징했습니다.

하지만 항공 산업 전문가 대다수는 처음부터 초음속 여객기 개발에 회의적인 반응을 보였습니다. 비행기가 소리의 이동 속도인 초속 340m를 돌파하는 순간 듣기 싫은 굉음인 소닉붐Sonic boom 현상이 발생합니다. 사활을 걸고 공중전에 임해야 하는 전투기 조종사는 소닉붐을 참아야 하지만, 민간 여객기 승객이 여러 시간 동안 소닉붐을

비행기가 음속을 돌파할 때 발생하는 소닉붐 현상

들어 가며 비행기에 타기란 쉬운 일이 아니었습니다.

더구나 초음속으로 날기 위해서는 비행기 동체가 전투기처럼 날렵해야 하며, 그만큼 승객을 적게 태울 수밖에 없습니다. 이는 항공 요금의 대폭 인상을 의미하고 이런 까닭에 콩코드를 이용하는 사람이 제한적일 수밖에 없습니다.

하지만 영국과 프랑스는 전문가들의 합리적인 주장에 귀를 기울이지 않고 계속 콩코드 개발에 돈을 쏟아부었습니다. 초음속 여객기를 개발하기 위해서는 기존의 기술 한계를 뛰어넘어야 하기 때문에 7년에 걸쳐 200억 달러가 넘는 막대한 개발비가 투입되었습니다.

1969년 프랑스 툴루즈Toulouse에서 전투기와 비슷하고 날렵하게 생긴 콩코드가 모습을 드러내며 초음속 여객기 시대의 막을 올렸습니다. 콩코드는 음속의 두 배인 시속 2,180km로 비행이 가능한 엄청난

음속의 두 배를
낼 수 있는
콩코드

성능을 자랑하는 여객기로서 기존에 유럽에서 뉴욕까지 7~8시간 가까이 걸리던 시간을 절반 이하로 줄이는 쾌거를 이루었습니다. 이제 3시간 30분이면 대서양을 횡단할 수 있으며, 이는 린드버그가 대서양을 건널 때 걸린 시간의 10분의 1 정도에 불과했습니다.

콩코드는 기술적으로 미국도 따라올 수 없을 정도로 뛰어났지만 전문가의 예상대로 1976년 상업 비행을 시작한 이후 시장의 외면을 받았습니다. 콩코드는 비좁은 내부 공간 때문에 승객을 144명밖에 태울 수 없었고, 좌석도 일반 여객기의 이코노미클래스 넓이에 불과했습니다. 또한 음속을 돌파하려다 보니 연료 소비량이 많았습니다. 이로 인해 콩코드 여객기는 운임이 일반 여객기의 10배에서 15배 수준에 달해, 일부 돈 많은 부유층만 이용할 수 있는 비행기가 되고 말았습니다.

승객들은 3시간을 절약하기 위해 1만 달러 이상의 웃돈을 내려고 하지 않았습니다. 더구나 1970년대 두 차례 겪은 오일 쇼크로 기름 가격이 치솟으면서 항공사들은 속도를 포기하고 연비가 우수한 여객기를 선호했습니다. 콩코드를 운행하는 영국, 프랑스 국영 항공사의 적자는 시간이 흐를수록 눈덩이처럼 불어났습니다. 전문가들은 콩코드의 개발 단계부터 경제성이 없다고 주장했습니다. 하지만 미국에 지지 않으려는 유럽 국가들의 자존심 때문에 콩코드 프로젝트는 무리하게 진행되어 결국 해마다 막대한 적자를 불러오는 애물단지가 되었습니다.

2000년 7월 파리 드골_{de Gaulle} 공항을 이륙하던 콩코드가 폭발하면서 초음속 여객기 시대가 막을 내리기 시작했습니다. 승객 100명과 승무원 9명을 태운 콩코드가 이륙하기 위해 활주로를 달리던 도중, 앞서 이륙한 비행기에서 떨어진 금속 조각이 바퀴에 박혔습니다. 타이어가 찢어지면서 바퀴에 부딪힌 금속 조각이 튀어 나가 연료통을 때렸습니다. 이내 불이 붙으면서 불과 2분 만에 콩코드는 폭발하고 말았습니다. 이 사고로 승무원과 승객 전원이 참변을 당했고, 이 사실은 언론을 통해 전 세계에 알려졌습니다.

이 폭발 사고는 기체 결함도 아니고 조종사의 실수도 아닌 지독한 불운에 지나지 않았지만 사람들은 더는 콩코드를 타지 않으려고 했습니다. 하지만 영국과 프랑스는 자존심을 지키기 위해 승객도 거의 없는 텅 빈 콩코드를 계속 운항하다가 적자를 감당하지 못해 2003년 결국 운항을 중단했습니다.

첨단 항공 기술의 결정체라 평가받던 콩코드는 기술적으로 최고였지만 경제성을 확보하지 못해 마침내 박물관에 전시되는 신세로 끝을 맺었습니다.

경제학자들은 잘못된 결정임에도 불구하고 국가의 자존심 때문에 중간에 포기하지 못해 최악의 손실을 불러온 콩코드를 두고 '콩코드 오류'라고 부르며 비합리적 선택의 대명사로 평가했습니다.

보잉에 도전장을 내민 에어버스

1967년 영국, 프랑스, 독일은 콩코드 개발과는 별개로 항공 산업 분야에서 적극적인 협력을 약속했습니다. 당시 유럽에는 적지 않은 수의 항공기 제작사가 있었지만 미국의 보잉에 밀려 적자에 허덕이고 있었습니다. 이에 유럽 항공기 제작 회사는 규모를 키우지 않고서는 미국에 맞설 수 없다고 생각해 힘을 합쳐 에어버스라는 다국적 기업을 만들었습니다.

유럽 기업이 똘똘 뭉쳐 에어버스를 탄생시켰을 때 미국의 보잉은 신경도 쓰지 않았습니다. 그동안 보잉은 '하늘의 제왕'이라 불렸을

앞선 기술력으로 보잉을 따라잡은 에어버스

정도로 항공 산업에서 막강한 힘을 지니고 있었기 때문에 겁날 것이
없었습니다. 하지만 에어버스는 야금야금 시장을 잠식해 가며 보잉
의 아성을 무너뜨리기 시작했습니다. 유럽 국가들이 대부분 에어버
스를 우선으로 구매함으로써 공장을 유지할 수 있는 안정적인 물량
을 확보했습니다. 또한 세계 수많은 반미 국가가 의도적으로 보잉 대
신 에어버스를 선택했기 때문에 계속 시장 점유율을 높일 수 있었습
니다.

1999년 에어버스는 영원한 1등이라 여긴 보잉을 제치고 정상에 올
랐습니다. 에어버스가 여객기 시장을 장악해 나가자 상대적으로 보
잉의 위세는 줄어들었습니다. 판매 부진으로 보잉의 공장이 줄줄이
문을 닫고 근로자가 4만 명이 넘게 일자리를 잃은 뒤에야 보잉 경영
진은 사태의 심각성을 깨달았습니다. 보잉은 특단의 대책을 마련하

지 못할 경우 에어버스에 밀려 여객기 시장에서 사라질 것이라는 위기감에 휩싸였습니다.

2002년 12월 보잉의 경영진은 머리를 맞대고 숙고한 끝에 새로운 중형 항공기 개발에 회사의 사활을 걸기로 했습니다. 보잉 747처럼 연료 소모가 엄청나면서 한 번에 400~500명을 나르는 대형 여객기보다 300석 정도의 규모에 연비*가 우수한 중형 여객기를 개발하는 것이 사업성이 있다고 판단했습니다. 2000년대 들어 국제 유가가 하루가 다르게 올랐기 때문에 항공사마다 유류비 절약에 목을 매고 있었습니다.

연비가 좋은 비행기를 만드는 일은 쉽지 않았습니다. 적은 기름으로 더 먼 거리를 날려면 비행기 몸체가 가벼워야 하는데 기체 무게를 줄이는 일은 만만하지 않았습니다. 알루미늄 합금으로 만드는 비행기 동체와 날개는 그 무게를 가볍게 하려고 두께를 얇게 할 경우 강도가 약해져 항공기가 파손되기 십상입니다. 따라서 새로운 소재 개발 없이는 비행기의 무게를 줄이는 일은 불가능했습니다. 이때 연결된 회사가 일본의 첨단 신소재 기업 도레이Toray입니다.

1961년부터 도레이는 탄소 섬유 개발에 나섰습니다. 10년간 연구 개발을 한 끝에 탄소 섬유를 만들어 내는 데 성공했지만, 오랜 기간 사용처를 찾지 못했습니다. 탄소 섬유의 가격이 워낙 비싸 일상 생활

---

* 단위 주행 거리 또는 단위 시간당 소비하는 연료의 양.

비행기 경량화에 큰 역할을 한 도레이의 탄소 섬유

용품을 만드는 데는 거의 활용할 수 없었기 때문입니다. 어려움을 겪던 도레이는 때마침 보잉과 협력하면서 안정적인 판로를 개척할 수 있었습니다.

도레이가 탄소 섬유를 주원료로 여러 가지 재료를 혼합해 만든 탄소 복합체는 보잉의 신형 비행기 동체를 만드는 데 활용되었습니다. 탄소 복합체는 알루미늄 합금보다 강도는 10배 이상 강하지만 무게는 4분의 1에 지나지 않아 이전에 비해 동체를 획기적으로 가볍게 만들 수 있었습니다. 이에 보잉의 신형 항공기 보잉 787은 연비를 20% 이상이나 낮추었고 항공사는 막대한 유류비를 줄일 수 있었습니다.

탄소 복합체는 녹이 슬지 않기 때문에 기내의 습도를 높일 수 있다는 장점도 있습니다. 알루미늄 합금으로 동체를 만들 경우 습도에 민감해 녹스는 것을 방지하기 위해 기내 습기를 최대한 억제해야 합니다. 이 때문에 기내 습도가 15% 이하로 유지되어 장거리 여행을 하는 승객에게 코와 목이 건조해지는 고통을 주었습니다. 하지만 탄소 복합체로 만든 동체는 습기 때문에 부식될 염려가 없기 때문에 습도를 높일 수 있어 보다 쾌적하게 여행할 수 있습니다.

새로운 소재는 창문의 크기도 변화시켰습니다. 기존 알루미늄 항공기는 구조적인 특성 때문에 창을 크게 낼 수 없었습니다. 창을 크게 만들기 위해 알루미늄 동체를 많이 잘라 낼 경우 나머지 동체에 가해지는 압력이 커지기 때문에 기체 파손 위험이 증가해 가능한 한 창을 작게 만들어야 했습니다. 하지만 탄소 복합체는 압력에 강해 기존에 비해 두 배 이상 큰 창을 만들 수 있게 되어 승객이 답답함을 덜 느끼면서 바깥 구경을 할 수 있습니다.

한편, 에어버스는 '큰 비행기' 제작에 집중했습니다. 그동안 에어버스는 보잉 747 같은 대형 여객기를 갖지 못해 열등감을 가지고 있었는데, 'A380'이라는 지구에서 가장 큰 여객기를 개발함으로써 대형

에어버스에 참패를 안긴 A380

에어버스에 참패를 안긴 A380의 내부 모습

여객기 분야에서도 보잉을 완전히 누르려고 했습니다. A380 여객기는 양 날개 사이의 거리가 축구장 폭과 같고 최대 높이는 아파트 10층 높이에 달했습니다. 또한 세계 최초의 2층 비행기로서 일반석으로만 채울 경우 800명 이상의 승객을 한 번에 운송할 수 있었습니다.

보잉과 에어버스는 서로 다른 종류의 신형 여객기를 개발해 격돌했지만 에어버스가 지고 말았습니다. 150억 달러 이상을 쏟아부으며 개발한 에어버스의 A380 여객기는 오일 머니가 풍부한 아랍의 항공사와 일부 아시아 국가만 구매해 판매 부진을 면하지 못했습니다. 대당 4억 달러 넘는 비행기를 선뜻 구매할 수 있는 항공사는 전 세계에 십여 군데밖에 되지 않기 때문입니다. 더구나 미국 항공사는 보잉을 돕기 위해 에어버스의 A380 여객기를 단 한 대도 주문하지 않는 대신 보잉 787을 대량으로 주문했습니다.

보잉은 탄소 복합체라는 신소재 덕분에 에어버스와 벌인 경쟁에서 밀리지 않았습니다.

항공 산업의 새로운 도전자, 중국

1980년대까지 미국이 독점하다시피 하던 항공 산업은 에어버스의 등장을 계기로 과점 상태로 바뀌었습니다. 일본 같은 기술 선진국이 나름대로 선전하고 있지만 보잉과 에어버스가 구축한 아성을 허물기에는 아직 역부족입니다. 에어버스와 보잉은 유럽과 미국에 거대 시장을 가지고 있기 때문에 판로 개척에 큰 어려움이 없지만, 후발업체는 뛰어난 항공기를 만들더라도 판매처를 찾기가 힘듭니다.

그런데 최근 들어 세계 최대 인구 대국 중국이 항공기 시장에 뛰어들면서 적지 않은 파장을 일으키고 있습니다. 하루가 다르게 경제가 발전하고 있는 중국은 국내의 방대한 항공 수요를 등에 업고 정부 주도로 적극적인 항공 산업 육성에 나섰습니다. 2000년 이후 중국 정부는 60인승 이하의 소형 여객기부터 보잉과 에어버스가 장악하고 있는 400인승 이상의 대형 여객기까지 모조리 자체적으로 개발하겠다는 계획 아래 막대한 예산을 쏟았습니다.

2005년 중국은 자체 개발한 60인승 여객기 MA-60을 동종 업체의 절반에도 미치지 않는 싼 가격에 아프가니스탄, 캄보디아, 카메룬, 볼리비아, 짐바브웨 등 가난한 나라를 상대로 57대나 수출하는 쾌거를 이루었습니다. 자신감을 얻은 중국 정부는 국민에게 "비행기 한 대를 수출하는 것은 티셔츠 8억 장을 수출하는 효과가 있다."라고 말 하며 머지않아 중국 여객기가 보잉과 에어버스를 누르고 전 세계 여 객기 시장을 장악할 것이라고 큰소리쳤습니다. 중국 항공사들은 중 국산 여객기를 대거 구매하면서 정부의 비위를 맞추었습니다.

그런데 해외에 헐값으로 수출한 여객기가 잇따라 사고를 일으키 면서 중국산 항공기는 기피 대상이 되고 말았습니다. 중국이 수출한 MA-60 여객기 57대 중 무려 절반 이상이 브레이크가 작동하지 않 거나 엔진이 꺼지는 등 심각한 기체 결함으로 격납고에서 벗어나지 못하는 신세로 전락했습니다.

중국 여객기의 사고가 빈발함에 따라 뉴질랜드 정부는 자국민에 게 중국산 비행기를 타지 말라는 권고까지 했습니다. 하지만 중국은

중국 기술력으로 만든 MA-60

"MA-60의 기체에는 어떠한 결함도 없으며 사고 원인은 파일럿의 실수 때문이다."라는 성명을 발표하며 책임 회피로 일관했습니다. 이후에도 중국은 다양한 종류의 여객기를 시장에 내놓았지만 자국 시장 이외에는 판매 실적이 저조했습니다. 더구나 중국산 여객기는 미국연방항공청Federal Aviation Administration, FAA 등 국제 사회의 안전 기준에 미달해 당분간 선진국 판로가 막히게 되었습니다. 사람의 생명이 달린 항공기는 안전이 최우선이기 때문에 가격 경쟁력을 앞세운 중국의 전략은 고전을 면치 못하고 있습니다.

비록 중국이 거대한 내수 시장을 기반으로 선진국에 도전장을 내밀었지만, 기술력 차이와 부정적인 국가 이미지를 단번에 만회하기란 쉽지 않은 상태입니다. 그런데도 민간용 항공기 시장을 포기할 생각이 없는 중국은 첨단 기술력이 집약된 항공 산업 육성을 통해 저가 제품 생산국이라는 오명을 벗고 모든 면에서 미국과 경쟁할 수 있는 유일한 강대국이라는 이미지를 심고자 합니다.

초음속 여객기에서 무인 여객기까지, 진화하는 항공 산업

항공 산업은 한 나라의 기술 수준을 재는 척도가 됩니다. 항공기를 제작하려면 최소 20만 개 이상 부품이 필요하며, 항공기 부품은 완벽한 수준의 품질을 갖추어야 하기 때문에 고도의 제조업 기반 없이는 항공기 제작을 꿈꿀 수 없습니다. 또한 부품 20만 개를 조립하기 위해서는 수많은 전문 노동자가 필요합니다.

항공기를 제작할 수 있는 나라가 극소수인 만큼 항공 산업이 만들어 내는 부가 가치는 다른 산업에 비교할 수 없을 정도로 큽니다. 미국만 하더라도 수백만 명이 직·간접적으로 항공 산업에 종사하며 이들의 보수는 다른 산업에 비해 상대적으로 높아 항공 산업 종사자는 선망의 대상이 됩니다.

각국이 항공 산업에서 우위에 서기 위해 경쟁하는 과정에서 혁신적인 항공기가 쏟아져 나오고 있습니다.

전 세계 우주 항공 산업을 선도하는 NASA는 록히드마틴과 힘을 합쳐 마하 4.5로 비행할 수 있는 초음속 여객기 개발에 나섰습니다. NASA는 새로운 설계와 신소재 개발로 소닉붐 문제를 해결하고자 합니다.

전기 자동차 업체로 유명한 테슬라의 창업자 일론 머스크Elon Musk는 2018년부터 전기 비행기 개발에 나섰습니다. 그가 구상한 전기 비행기는 태양광으로 배터리를 충전하고 전기 모터를 이용해 비행하기 때문에 엔진을 사용하는 기존 항공기보다 소음이 적습니다. 또 전기를 동력원으로 사용하기 때문에 환경 오염 물질을 거의 배출하지 않아 매년 3,000억ℓ에 달하는 항공기용 연료 소비량을 크게 줄일 수 있습니다. 전기 비행기는 소음과 오염 물질 배출이 거의 없고 수직 이착륙이 가능하여 도심 가까이에 있는 소규모 공항을 통해서도 얼마든지 운행할 수 있다는 장점이 있습니다.

군수 산업체를 중심으로 진행되는 무인기 사업도 사람들의 주목을

받고 있습니다. 1960년대 초 미국 정부가 베트남 전쟁에 발을 담글 때만 하더라도 압도적인 화력을 지닌 미군이 빠른 시일 안에 승리를 거둘 것으로 생각했습니다. 미국이 지닌 자신감의 배경에는 호치민이 이끄는 사회주의 북베트남과는 비교도 되지 않을 정도로 막강한 공군력이 있었기 때문입니다. 동남아의 가난한 국가 북베트남은 미국 공군과 대적할 만한 전투기는 없었지만 소련이 지원해 준 강력한 성능의 지대공 미사일이 있었습니다.

소련제 지대공 미사일은 막강한 성능을 발휘해 전쟁 기간에 미군기 455대를 격추했습니다. 전투기가 격추될 경우 비행기 자체보다 조종사를 잃는 것이 미군에게 더 큰 문제였습니다. 미국에서는 신체 건강하고 지적 능력이 뛰어난 소수의 사람만 전투기 조종사에 지원

무인 항공기 시대를 연 드론

할 수 있고 이들은 장기간 고된 훈련을 통해 전투기 조종사가 되었습니다. 따라서 전투기 조종사를 잃는다는 것은 미국으로서는 국가적으로 큰 손실입니다. 이 같은 사태를 막기 위해 미국 정부는 조종사를 필요로 하지 않는 무인기 개발에 나섰습니다. 그 결과 오늘날 정찰기, 폭격기 등 다양한 종류의 무인기가 운용되고 있습니다.

군사용으로 시작된 무인기는 가까운 장래에 인공 지능의 발달과 함께 민간용 항공기에도 적용될 예정입니다. 현재도 비행기의 이착륙을 제외한 비행 관련 업무 대부분은 자동화 시스템에 의해 운용되고 있으며 가까운 장래에 인공 지능이 발전하면 현재 항공기 조종사가 하는 모든 업무를 인공 지능이 대체할 수 있게 되어 무인 항공기의 시대가 열릴 수 있습니다.

★

허드슨강의 기적을 일으킨
파일럿

비행기는 인류가 개발한 가장 안전한 교통수단이다. 실제로 비행기를 타고 가다 죽을 확률은 길을 걷다가 마른하늘에 벼락을 맞아 죽을 확률보다 낮다. 그런데도 비행기를 탈 때마다 사고가 날지도 모른다는 두려움에 사로잡히는 경우가 있다. 일단 사고가 나면 탑승객 전원이 사망하는 경우가 대부분이기 때문에 사람들은 비행기를 타면서 마음을 놓지 못한다.

2009년 1월 뉴욕의 라과디아 공항에서 승무원을 포함해 155명을 태운 US에어웨이 소속 항공기가 노스캐롤라이나를 향해 이륙했다. 그런데 활주로를 벗어난 지 얼마 되지 않아 하늘에서 새 떼와 충돌하면서 양쪽 날개의 엔진 모두가 손상되었다. 비행기는 무게가 수십 톤에서 수백 톤에 이를 정도로 육중한 덩치를 자랑하지만 새 떼가 엔진으로 빨려 들어갈 경우 엔진에 큰 무리가 생겨 고장 나기 십상이다.

당시 항공기를 조종하던 체슬리 설렌버그 기장은 양쪽 엔진 모두 고장 나 기체가 동력을 잃자 방금 이륙한 라과디아 공항 관제탑에 상황을 알렸다. 관제사는 즉각 회항하라는 명령을 내렸지만 기장은 관제탑의 명령을 따를 수 없었다. 이륙한 지 얼마 안 되어 비행기의 고도가 850m밖에 되지 않아 무리하게 기수를 돌리다가는 빌딩 숲이 우거진 맨해튼에 추락할 가능성이 높았기 때문이다.

전투기 조종사 출신으로 무려 42년간 비행기를 다룬 노련한 설렌버그 기장은 마지막 수단으로 뉴욕을 가르는 허드슨강에 비행기를 비상 착수하기로 했다. 설렌버그 기장이 "우리는 허드슨강으로 간다."라고 말하자 관제사들은 잘못 들은 줄 알고 되물었지만 기장의 마음은 이미 정해져 있었다. 거대한 제트 항공기를 균형을 잃지 않은 상태로 강 위에 착수하는 일은 이론상으로만 가능할 뿐, 현실에서는 불가능하다고 받아들여지던 상황이었다. 기장은 승무원과 승객에게 자신의 계획을 말하면서 차분히 따를 것을 요청한 뒤 사상 최초의 항공기 수상 비상 착수에 나섰다.

설렌버그는 공중에서 2만 시간을 보낸 베테랑이었지만 강 위에 비행기를 착수시키기 위해서는 고도의 집중력을 발휘해야 했다. 끝까지 침착함을 잊지 않은 설렌버그는 허드슨 강물 위에 비행기를 미끄러지듯이 착수시켰다. 이때까지 걸린 시간은 비행기가 이륙한 지 208초에 지나지 않았다. 3분 남짓한 동안 승객들의 운명이 결정된 것이었다.

안전하게 착수하자 이번에는 승무원들이 나서 승객들을 양쪽 날개 위로 올라가도록 도왔다. 당시 뉴욕은 영하 6℃의 한겨울로 살을 에는 듯한 찬 강물이 착수 직후부터 비행기 안으로 쏟아져 들어왔지만 승무원과 승객 모두 평정심을 잃지 않고 침착하게 대처했다. 성인 남성들은 어린이와 여성이 먼저 비행기를 빠져나갈 수 있도록 배려했고 누구도 자신부터 살겠다고 소란을 일으키지 않았다. 승무원과 승객들이 다 빠져나온 뒤에도 설렌버그 기장은 비행기 안에 남아 빠져나가지 못한 사람이 있는지를 살폈다. 찬물이 가슴까지 차올라 위험했지만 기장은 마지막까지 비행기 안을 뒤졌다.

승객들이 비행기의 양쪽 날개 위로 움직인 지 얼마 안 되어 구출 작전이 시작되었다. 인근에서 출퇴근용 여객선을 몰던 선장은 사고 소식을 접하자 곧바로 현장으로 달려와 승객들을 구조했다. 또한 뉴욕 경찰이 신속하게 현장으로 출동해 적극적인 구조 활동을 펼치면서 사고가 발생한 지 불과 24분 만에 모든 문제가 해결되었다.

이 소식이 언론을 타고 전 세계에 알려지자 사람들은 이를 두고 '허드슨강의 기적'이라고 불렀으며 이는 할리우드 영화로도 만들어졌다. 허드슨강의 기적은 단순한 기적이 아니었다. 설렌버그 기장의 순간적인 판단력뿐만 아니라 승무원과 승객, 구조대원까지 자신의 임무를 한 치의 오차 없이 수행했기 때문에 가능한 일이었다.

6장

각종 첨단 기술이 결합된 고부가 가치 산업,

우주 산업

로켓의 개발로 우주 시대가 열리다

1930년대 나치 독일의 베르너 폰 브라운Wernher von Braun이 연합국을 공격하기 위한 무기로 로켓을 개발하는 데 성공하면서 우주 시대가 시작되었습니다. 프로펠러 항공기를 겨우 만들던 시절에 음속으로 비행하는 로켓은 시대를 앞서가는 놀라운 일이었습니다.

나치 독일의 패색이 짙어지자 미국과 소련은 로켓 기술을 확보하기 위해 혈안이 되었습니다. 간발의 차이로 미국이 로켓 개발의 총책임자 폰 브라운을 차지했지만 소련 역시 적지 않은 수의 나치 과학자와 핵심 기술을 확보했습니다.

제2차 세계대전 이후 시작된 미·소 냉전은 우주 공간에서도 치열하게 벌

미국의 우주 개발을 이끈 베르너 폰 브라운 (오른쪽)

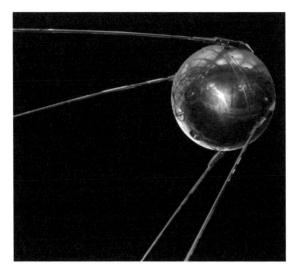

세계 최초의 인공위성인
소련의 스푸트니크 1

어졌습니다. 양국은 자존심을 걸고 우주로 가는 로켓 개발에 나섰습니다. 우주 시대를 먼저 연 것은 공산주의 국가 소련이었습니다.

1957년 10월 4일 공산주의 종주국 소련이 '동반자'라는 뜻을 지닌 인공위성 스푸트니크 1을 쏘아 올리는 데 성공하면서 인류는 처음으로 지구를 벗어났습니다. 소련이 미국에 한발 앞서 우주 시대를 열자 미국인들은 큰 충격을 받았습니다. 후진 농업국이라고 생각한 소련의 과학 기술이 세계 최고라고 자부하던 미국을 크게 앞서고 있었기 때문입니다.

더구나 소련이 인공위성을 실어 우주까지 보낸 R-7로켓에 인공위성 탑재 대신 핵폭탄을 장착하면 미국 전역이 사정권에 들어오기 때문에 미국 국민이 느끼는 공포는 매우 컸습니다. 당시 미국이 보유한 기술로는 소련의 수도 모스크바까지 핵 공격을 할 수 없었기 때문에 소련은 스푸트니크 발사 성공을 기점으로 미국에 대해 군사적 우위를 확보할 수 있게 되었습니다.

당시 소련의 지도자 니키타 흐루시초프는 스푸트니크를 쏘아 올리기 이전부터 미국 전역을 타격할 수 있는 로켓 개발에 성공했다고 말했지만 미국 정부는 이를 믿지 않았습니다. 평소 과장해서 말하기를 좋아하는 흐루시초프가 미국을 겁주기 위해 벌이는 허풍에 불과하다고 생각해 그의 말에 귀를 기울이지 않았던 것입니다. 소련이 우주까지 도달할 수 있는 로켓 개발에 성공하자 미국도 로켓 개발에 국력을 쏟아부었지만 단시간에 소련을 따라잡기란 쉽지 않았습니다.

소련은 스푸트니크를 성공적으로 쏘아 올린 지 4년 만인 1961년 4월 12일, '동방'이라는 뜻을 지닌 1인승 인공위성 보스토크 1호를 성공적으로 발사하며 사상 최초로 인간의 우주 비행을 실현했습니다.

인류 최초로 지구를 벗어난 소련의 유리 가가린

인류 최초 우주 비행사인 유리 가가린Yurii Gagarin은 우주에서 지구를 본 뒤 "지구는 푸르고 신은 어디에도 존재하지 않는다."라고 말해 미국 사회에 큰 반향을 불러일으켰습니다.

당시는 미국인 대부분이 기독교인으로서 신의 존재를 믿고 있을 때라서 가가린이 우주에서 신이 없다고 말하자 미국인들은 불쾌감을 감출 수가 없었습니다. 하지만 공산주의 소련은 신의 존재를 부정하고 인간이 중심이 되는 인본주의 사회를 국가의 목표로 삼고 있었습니다. 우주 공간에서 1시간 29분 동안 머물다가 지구로 돌아온 가가린은 그 업적을 인정받아 공군 중위에서 소령으로 단번에 두 계급 특진하고 국가 영웅이 되는 영광을 누렸습니다.

인류의 위대한 도전, 유인 달 탐사를 위한 아폴로 프로젝트

소련의 스푸트니크 발사 성공 직후 불안감에 휩싸인 미국 의회는 당시 제34대 대통령 드와이트 아이젠하워에게 대책을 마련하라고 닦달했습니다. 그 결과 1958년 10월 우주 개발을 전담하는 조직인 미국 항공 우주국NASA이 탄생했습니다.

1960년 아이젠하워에 이어 대통령에 당선된 존 F.케네디는 집권 뒤 곧바로 우주 개발에 관한 계획을 마련해 이듬해인 1961년 5월 의회 연설을 통해 세상에 알렸습니다. 그는 국민을 향해 "저는 미국이 1960년대가 끝나기 전에 인간을 달에 착륙시켜야 한다고 생각합니다. 이 세상에서 인간을 달에 착륙시키는 것만큼 흥미롭고 인상적인

우주 개발을 위해 설립된 미국 항공 우주국

일은 없을 것입니다. 이 꿈을 이루기 위해 미국은 어떤 값비싼 대가
라도 치를 것이며 어떤 고난도 극복해 낼 것입니다."라고 말하며 9년
안에 달을 정복하겠다고 선언했습니다.

연방 정부 주도로 달 정복
에 나서겠다는 케네디의 주장
은 자본주의 국가 미국에서
보기 힘든 일이었습니다. 미
국은 영국으로부터 독립한 이
후 정부가 시장에 개입하지
않는 것을 미덕으로 생각하고
시장의 기능과 민간의 자유

달 정복을 외치는 존 F. 케네디

달 정복을 위한 아폴로 프로젝트

로운 활동을 중시하던 나라였
기 때문에 케네디가 국력을 총
동원해 우주 개발에 나선 것은
극히 예외적인 일이었습니다.

케네디는 우주선 개발을 위
해 '아폴로 프로젝트'를 세우
고 예산을 쏟아부었습니다.
NASA를 필두로 미국 내 2만
개의 기업, 대학, 연구소 등지
에 있는 인원 40만 명이 달 정
복에 동원되었습니다.

또한 국가 경쟁력 강화를 위해 교육 개혁에도 박차를 가했습니다.
소련이 우주 공간에 제일 먼저 인공위성을 띄울 수 있었던 이유는 튼
튼한 기초 과학의 힘 덕분이었습니다. 소련은 물리, 화학, 생물, 지구
과학 등 기초 과학과 수학 교육을 중시해 수준 높은 공교육을 제공했
습니다. 이에 소련 학생의 기초 과학과 수학 실력은 세계 최고 수준
에 올라섰고 이는 스푸트니크를 개발하는 원동력이었습니다.

반면, 실용성과 재미 위주로 짜인 미국의 과학과 수학 교육은 소련
보다 수준이 한참 낮았습니다. 현재의 교육 제도로는 첨단 과학을 이
끌 인재를 배출하기 어렵다고 판단한 케네디는 대대적인 교육 제도
개혁에 나서 소련보다 수준 높은 교육 프로그램을 만들었습니다. 케

아폴로 프로젝트를 위해 NASA로 모인 인재들

네디는 소련보다 먼저 달을 정복하기 위해 미국의 모든 국력을 쏟았
지만 해결해야 할 난제가 있었습니다.

첫째, 수백 톤에 이르는 달 착륙선을 대기권 밖으로 내보내려면 강
력한 로켓이 필요했습니다. 로켓 개발 과정에서 수많은 시행착오가
있었지만 NASA는 결국 지구의 중력을 이겨낼 수 있는 초강력 로켓
제작에 성공했습니다.

둘째, 달에 착륙한 우주인들이 활동하려면 우주 공간에서 신체를
보호할 수 있는 우주복이 필요했습니다. 달에는 대기가 없기 때문에
무중력 진공 상태이고, 태양이 비치는 면은 영상 130℃에 이르지만
그 반대편은 영하 140℃까지 내려가는 열악한 환경입니다. NASA는
우주복의 성능 테스트를 위해 우주와 같은 환경을 인위적으로 만든
뒤 살아 있는 인간을 대상으로 생체 실험을 해야 했습니다. 그러나

실험 도중 사고가 발생하면 인명 손실로 이어지기 때문에 NASA의 고민은 깊어만 갔습니다.

이때 해결책을 제시한 사람이 나치 독일 출신의 생리학자인 위베르투스 스트럭홀트_{Hubertus Strughold}입니다. 스트럭홀트의 주요 연구 과제 중 하나가 우주와 같은 환경에서 인간의 신체가 어떻게 변화하는지를 관찰하는 일이었습니다. 그는 나치 독일 패망 직전까지 유대인을 대상으로 수많은 생체 실험을 하며 충분한 자료를 확보한 상태였습니다. NASA는 나치 전범인 스트럭홀트의 연구를 기반으로 극한 환경인 우주에서도 견딜 수 있는 튼튼한 우주복을 만들었습니다. 우주복 제작에 공헌한 스트럭홀트는 '우주 의학의 아버지'라는 칭송을 받았습니다.

화재 사고로 목숨을 잃은 아폴로 1의 선원들

1967년 첫 번째 유인 달 착륙선인 아폴로* 1이 어느 정도 완성되자 NASA는 최종 성능 테스트에 나섰습니다. 그해 1월, NASA는 선내에 공기가 새는지 확인하기 위해 선내를 순도 100%의 산소로 채워 나갔습니다. 그런데 가연성 기체인 산소로 가득 찬 실내에서 원인불명의 화재가 발생했습니다. 화재는 거스 그리섬Gus Grissom 선장을 비롯한 우주 비행사 3명이 전원 사망하는 끔찍한 사고로 이어졌습니다.

미국 정부가 오랜 기간과 막대한 돈을 들여 개발한 아폴로 1이 불길 속에 사라지는 데는 불과 30초밖에 걸리지 않았습니다. 이처럼 누구도 가 보지 못한 미지의 세계인 달에 가는 일은 시작부터 쉽지 않았습니다.

인류 최초로 달에 착륙하기 위한 세 명의 우주 비행사 선발

NASA는 아폴로 1을 타고 달에 갈 우주 비행사가 모두 죽자 새로운 조종사를 추가로 모집했습니다. 미국 전역에서 최고의 항공기 조종사가 앞다투어 지원했습니다. NASA는 수많은 지원자 중에서 닐 암스트롱Neil Armstrong, 버즈 올드린Buzz Aldrin, 마이클 콜린스Michael Collins 등 세 명을 우주 비행사로 선발해 우주 비행 훈련을 시작했습니다.

아폴로 1의 선장으로 임명된 닐 암스트롱은 오하이오주 출신으로 어릴 적부터 하늘을 나는 일에 매우 관심이 많았습니다. 그는 16살이

---

* 1967년 아폴로 1부터 1972년 아폴로 17까지 달을 탐사하기 위해 발사한 달 탐사선.

아폴로 11의 선원인 닐 암스트롱(왼쪽), 마이클 콜린스(중간), 버즈 올드린(오른쪽)

되자 자동차 운전면허증을 취득하기도 전에 항공기 조종사 자격증을 딴 독특한 이력의 소유자로 공학 분야에서 명성이 높은 퍼듀Purdue 대학교에서 항공 공학을 전공했습니다.

1950년 한국 전쟁이 일어나자 대학에 재학 중이던 암스트롱은 해군 조종사로 지원해 당시로는 최첨단 기종인 제트기 조종사로 참전했습니다. 그는 무려 78차례나 출격해 혁혁한 전공을 세우고 1953년 한국 전쟁이 끝나자 학교로 돌아가 1955년 학업을 마쳤습니다. 이후 NASA에 입사한 암스트롱은 1962년 우주 비행사 시험에 합격해 1966년 인공위성 제미니 8의 선장이 되어 지구 궤도를 돌았습니다.

닐 암스트롱과 함께 우주 비행사로 선발된 버즈 올드린은 웨스트포인트_{미국 육군 사관 학교} 출신의 군인이었습니다. 졸업 뒤 공군 전투기 조종사가 된 그는 한국 전쟁에서 66차례 출격해 소련제 미그기 2대를 격추하는 전공을 올렸습니다. 1963년 매사추세츠 공과 대학에서 우주 항행학 박사 학위를 받고 우주 비행사로 선발되어 역사적 대업에 동참하게 되었습니다.

마지막으로 에드워드_{Edwards} 공군 기지에서 시험 비행 조종사로 일하던 마이클 콜린스가 우주 비행사로 합류해 새로운 달 탐험 팀이 완성되었습니다. 마이클 콜린스 역시 웨스트포인트 출신의 조종사로 아버지가 육군 소장, 삼촌은 육군 참모 총장까지 지낸 군인 가족 출신입니다. 암스트롱, 올드린, 콜린스 세 사람은 모두 미국 최고의 엘리트 조종사 출신으로서 달 탐험을 위해 6년 동안 고된 훈련을 받았습니다.

달로 떠난 사람들

1969년 7월 16일 미국 플로리다주 케네디 우주 센터에서 우주 비행사 3명을 태운 아폴로 11이 거대한 '새턴 V' 로켓에 의해 발사되었습니다. 1961년 당시 미국 대통령이었던 케네디의 장담대로 1960년대가 가기 전에 달 탐사 우주선인 아폴로 11이 성공적으로 발사되었습니다. 안타깝게도 케네디는 1963년 11월 텍사스주 댈러스에서 암살당해 이 장면을 지켜보지 못했습니다.

발사된 지 사흘 만에 38만km를 날아 달 궤도에 진입한 아폴로 11

달을 향해 출발하는
아폴로 11

은 적당한 착륙 지점을 찾지 못해 달 궤도를 13바퀴나 돌아야 했습니다. 7월 20일 오후 8시 연료가 바닥을 드러내기 시작하자 우주 비행사들은 한시바삐 착륙 지점을 찾아 '고요의 바다'라는 곳을 선정했습니다. 아폴로 11 전체가 착륙한 것이 아니라 선장 암스트롱과 올드린이 따로 준비한 조그마한 달 착륙선 '이글Eagle'로 옮겨 타고 달 표면에 착륙했습니다.

네 개의 다리를 가진 달 착륙선 이글이 사뿐히 달 표면에 내려앉자 선장 암스트롱은 올드린보다 먼저 내려 달에 인류의 첫발자국을

인류 역사상 최초로 달 착륙에 성공한 닐 암스트롱

내디뎠습니다. 이 순간은 텔레비전을 통해 전 세계에 생중계되었는데 무려 5억 2,000만 명이 역사적인 장면을 지켜보았습니다. 암스트롱은 중력이 없는 달 위를 통통 튀어 다니면서 발자국을 남겼고 잠시 뒤 이를 지켜보는 세계 사람들을 향해 "이것은 한 인간에게는 작은 한 걸음이지만, 인류에게는 위대한 도약입니다."라는 감동적인 말을 남겼습니다.

암스트롱에 이어 달을 밟은 올드린은 "달은 장엄하면서도 황량합니다."라는 짧은 감회를 남겼습니다. 두 사람은 두 시간 반 동안 달에

닐 암스트롱에 이어 두 번째로 달에 발을 내딛은 버즈 올드린

머물면서 성조기를 세우고 지진계와 레이저 반사경 등 미리 준비해
간 각종 과학 장비를 달 표면에 설치했습니다. 또한 암석과 토양을
채집해 달 착륙선에 실었습니다.

　우주 비행사들은 달에서 리처드 닉슨Richard Nixon 대통령과 전화 통화
를 하기도 했습니다. 닉슨 대통령은 전 세계인이 듣는 가운데 "여러
분이 일궈 낸 업적에 대해 모든 미국인이 자랑스럽게 생각하고 있습
니다. 이 순간은 나에게도 가장 자랑스러운 순간입니다. 여러분 덕분

달 표면에 새겨진 버즈 올드린의 발자국

에 이제 하늘은 인간 세계의 일부분이 되었습니다."라고 말하며 우주 비행사들의 업적에 고마움을 표시했습니다.

달로 떠난 조종사 3명 중 마이클 콜린스는 사령선*에 남아 있었기 때문에 아쉽게도 달을 밟지 못했지만 이들은 나흘 동안 비행해 다시 지구로 돌아왔습니다. 태평양 바다에 떨어진 아폴로 11을 인근에서 기다리고 있던 미국 항공 모함이 건져 냈습니다.

미국으로 돌아온 우주 비행사들은 특별 병동에 격리되어 세균이나 바이러스에 감염되었는지를 검사받았습니다. 우주 비행사들이 달에

---

* 달 상공에 머물면서 착륙선을 지휘하는 우주 비행선.

시가행진을 하는 아폴로 11의 선원들

있을지 모를 병균을 지구에 퍼뜨릴까 봐 우려했기 때문입니다. 이들은 3주 동안 격리 생활을 한 끝에 병원을 벗어나 뉴욕, 시카고, 로스앤젤레스 등 대도시에서 시가행진을 벌였습니다. 수많은 사람이 거리로 쏟아져 나와 국가 영웅이 된 우주인들을 환영했습니다.

재사용이 가능한 우주 왕복선의 시대

달은 아주 오랫동안 신화와 전설의 세계였습니다. 사람들은 '토끼가 달에서 방아를 찧고 있다.' 등 달과 연관된 다양한 이야기를 지어냈습니다. 하지만 아폴로 11의 성공적인 달 탐사 이후 달은 더는 미지와 신비의 세계가 아닌 과학의 대상이 되었습니다.

미국은 아폴로 11의 성공으로 우주 개발 경쟁에서 소련보다 우위를 차지할 수 있게 되었습니다. 우주 경쟁이 미국의 승리로 끝나자 미국 사람들 사이에 우주 개발에 대한 회의적인 시각이 생겨나기 시작했습니다. 그동안 미국 정부가 '악의 제국' 소련과 벌인 우주 경쟁에서 승리하기 위해 250억 달러라는 당시로는 천문학적인 돈을 들였지만 투자에 비해 얻은 것이 별로 없다고 생각하는 사람이 많았습니다. 미국 국민 사이에서 우주 개발이 '돈 먹는 하마'라는 인식이 강해지자 정부는 우주 관련 예산을 줄이기 시작했습니다.

미국이 우주 경쟁에서 소련에 앞설 수 있었던 요인 중 하나가 바로 압도적인 경제력이었습니다. 미국이 우주 개발에 아낌없이 돈을 쏟

미국의 첨단 기술을 응집한 우주 왕복선

아붓자 소련도 이에 뒤질세라 예산을 투입했지만 총금액으로 따지자면 미국의 20% 수준에 불과했습니다. 다시 말해 소련은 자금 전쟁에서 미국에 밀려 우주 경쟁의 패배자가 되었습니다.

1970년대에 접어들자 미국 정부는 경비 절감 차원에서 기존의 아폴로를 대신할 새로운 유형의 우주선 개발에 나섰습니다. 1972년 NASA는 지금까지 개발된 우주선처럼 한 번 쓰고 버리는 형태가 아닌 지속해서 사용이 가능한 우주선을 개발하기 위해 노력한 끝에 비행기 모양의 우주 왕복선을 설계했습니다.

1981년 4월 항공기 스타일의 신개념 우주 왕복선인 컬럼비아가 세상에 모습을 드러내면서 미국의 우주 공학 기술이 세계 최고임을 다시 한번 세상에 입증했습니다. 컬럼비아는 마치 하늘의 비행기처럼 자유로이 우주를 비행했으며 임무를 마치고 지구로 돌아와 사뿐히 활주로에 착륙했습니다. 미국은 컬럼비아를 시작으로 챌린저Challenger, 디스커버리Discovery, 아틀란티스Atlantis, 인데버Endeavour까지 우주 왕복선 5대를 만들

소련의 우주 왕복선 부란

어 수시로 우주를 오갔습니다.

미국의 질주를 보고만 있을 수 없었던 소련은 1980년부터 우주 왕복선 개발에 나서 1988년 11월 러시아어로 눈보라를 뜻하는 '부란 Buran'이라는 우주 왕복선을 완성했습니다. 세상에 모습을 드러낸 부란은 미국의 컬럼비아와 너무나 비슷했습니다. 이에 소련이 스파이를 동원해 미국의 기술을 훔쳤을지도 모른다는 의혹이 제기되었습니다. 그러자 소련 당국은 "현재 인류의 기술 수준에서 어떤 나라가 우주 왕복선을 만들더라도 컬럼비아의 모습과 비슷할 수밖에 없다."라고 주장하며 기술 유출 의혹을 강력히 부인했습니다.

부란은 우주 비행사를 태우지 않은 채 무인 우주 비행에 성공하며 소련 국민에게 자부심을 드높여 주었습니다. 이때까지만 하더라도 소련 국민은 부란이 우주 강국 소련의 무너진 자존심을 세워 줄 것이라고 기대했지만 부란은 두 번 다시 하늘로 날아오르지 못했습니다.

소련이 붕괴한 뒤 탄생한 러시아는 극심한 경제난에 시달리자 모든 우주 개발 계획을 접고 수조 원을 들여 힘들게 개발한 부란을 창고 속에 그대로 방치했습니다. 부란은 우주인 한 번 태우지 못하고 녹슬어 가는 고철 덩어리가 되었습니다. 부란의 성능은 컬럼비아에 뒤지지 않았지만 1991년 사회주의 종주국 소련이 붕괴하면서 부란의 운명도 함께 끝나고 말았습니다.

NASA에는 항공 우주 공학자를 비롯해 지구 과학, 물리학, 화학, 생물학, 기상학, 생리학, 의학, 지질학, 해양학, 영양학, 수학, 통계학 등 거의 모든 분야의 전문가가 우주 개척을 위해 혼신의 노력을 다 하고 있습니다. 그런데 다양한 분야의 전문가들이 오로지 자신의 일에만 집중하다 보니 다른 부서가 하는 일에 대해 알지 못하는 경우가 다반사였습니다. 게다가 각 부서 간에 보이지 않는 주도권 경쟁이 있어 조직의 내부 문제를 외부에 감추는 분위기가 만연했습니다.

1986년 1월 NASA는 우주 왕복선 챌린저를 우주로 보내기로 하고 우주 비행사를 모집했습니다. NASA는 미국 국민의 관심을 끌기

민간인 우주 비행사로 선발된 크리스타 매컬리프

위해 민간인을 선발했는데 고등학교 교사인 크리스타 매컬리프Christa McAuliffe가 1만 1,000대 1의 치열한 경쟁을 뚫고 우주여행을 떠나는 행운을 잡았습니다. 매컬리프는 우주에서 최초로 지구의 어린이들에게 우주 과학과 챌린저의 다양한 임무를 알리는 원격 수업을 진행할 예정이었습니다.

이전까지 백인 일색이었던 기존 관행을 탈피해 일본계 미국인, 흑인 등 다양한 인종에서 7명이 챌린저의 우주 비행사로 뽑혔습니다. 미국 정부는 챌린저 발사를 통해 남성, 여성, 다인종이 조화를 이루고 사는 미국 사회의 모습을 세상에 널리 알리고자 하는 의도를 가지고 여러 배경을 지닌 우주인을 선발했습니다.

NASA는 이번 우주 탐험을 미국 우주 기술의 위신을 드높일 기회로 삼으려고 했습니다. 아폴로 11이 달 정복에 성공한 이후 우주 개발은 미국 정부의 관심사에서 점차 멀어져 해마다 우주 관련 예산이 줄어들었습니다. NASA는 챌린저의 발사를 통해 우주 개척에 대한 예전의 관심을 되돌리고자 했습니다.

다양한 인종으로 구성된 챌린저의 승무원

한파로 출발 직전
꽁꽁 얼어붙은 챌린저

챌린저를 발사하려고 한 1986년 1월 미국에 역사상 최악의 한파
가 몰려왔습니다. 특히 챌린저가 발사되는 1월 28일은 기온이 최저
로 내려갔습니다. 발사 하루 전날, 당시 로켓 추진기를 설계·제작
한 NASA의 계약 회사인 모턴 티오콜Morton Thiokol 소속의 오링O-ring* 기
술자 밥 이블링Bob Ebeling은 추운 날씨 때문에 오링의 안전성을 장담할
수 없다며 발사를 중단해야 한다고 주장했습니다. 하지만 NASA는
그의 경고를 무시했습니다.

NASA가 오링 담당 기술자의 경고를 무시한 데는 이유가 있었습
니다. 챌린저의 발사가 늦춰질 경우 발사 연기를 주장한 부서가 모든

---

* 액체가 새는 것을 막는 데 쓰는 원형 고리. 천연고무, 합성 고무, 합성수지 등으로 만든다.

책임을 떠안아야 하기 때문에 각 부서는 이를 피하고자 했습니다. 또한 NASA의 정식 직원은 내로라하는 미국의 명문 대학을 나온 엘리트로서 이들은 계약 회사 직원의 주장을 대수롭지 않게 생각했습니다. 그동안 우주 왕복선을 발사하면서 오링이 문제를 일으킨 적이 한 번도 없었기 때문에 NASA 직원들은 이번에도 문제가 없을 것이라고 안일하게 생각했습니다.

집으로 돌아온 오링 담당 기술자는 아내에게 "챌린저는 내일 분명히 폭발할 거야."라고 말했습니다. 다음 날 최악의 한파 속에서 챌린저의 발사가 강행되었습니다. 당일 날씨가 얼마나 추웠던지 우주선 발사대에 커다란 고드름이 얼기설기 매달려 장관을 이루었습니다. NASA 통제실의 발사 명령에 따라 챌린저가 엄청난 굉음과 검붉은

공중에서 폭발한
챌린저

챌린저의 폭발에 놀란 관제실

불기둥을 내뿜으며 힘차게 날아올랐고 이를 지켜보던 미국인 수백만
명이 일제히 환호성을 질렀습니다.

그런데 챌린저는 발사된 지 73초 만에 거대한 폭발음을 내며 순식
간에 산산조각 났습니다. 챌린저가 폭발하는 장면을 발사 현장에서
구경한 참관인 수만 명과 TV 중계를 통해 지켜보던 수백만 명은 큰
충격을 받았고 미국 사회는 발칵 뒤집혔습니다.

사상 최악의 우주선 폭발 사고가 전 국민이 보는 앞에서 발생하자
로널드 레이건 미국 대통령은 철저한 진상 조사를 지시했습니다. 대
통령의 명령에 따라 각계 전문가로 구성된 대규모 진상 조사단이 꾸
려져 사고의 정확한 원인을 찾기 위해 노력했습니다. 조사 결과 오링
담당 기술자의 우려대로 추운 날씨 때문에 오링의 부피가 줄어들어

마지막 비행을 앞둔 컬럼비아

발사 로켓 내부의 연료가 새어 나와 폭발 사고가 생긴 것으로 밝혀졌습니다. 이 사고는 날씨가 풀릴 때까지 발사를 연기했다면 얼마든지 막을 수 있는 일이었지만 NASA의 잘못된 내부 관행으로 일어난 인재였습니다.

챌린저 폭발 사건으로 그동안 미국 국민에게 좋았던 NASA의 이미지는 바닥으로 추락했습니다. 게다가 미국 의회가 우주 산업 관련 예산을 대폭 삭감하면서 수많은 직원이 NASA를 떠나야 했습니다. 이후 NASA는 만성적인 예산 부족으로 이전보다 활동 범위가 크게 줄어들었지만 남아 있는 우주 왕복선 4대를 운용하며 우주 개발을 지속했습니다.

2003년 2월 임무를 마치고 지구로 귀환하던 우주 왕복선 컬럼비아가 텍사스 상공에서 폭발하면서 또다시 미국 사회를 충격으로 몰아넣었습니다. 컬럼비아의 폭발 사고도 관리 소홀에서 비롯된 인재였음이 진상 조사를 통해 밝혀지자 NASA는 궁지에서 벗어날 수 없게 되었습니다. 컬럼비아까지 공중 폭발로 사라지자 우주 왕복선의 안전성을 더는 신뢰하지 못한 정부는 NASA에 우주 왕복선 운항 중지를 권고했습니다.

우주 왕복선은 세계 최고 수준인 미국 우주 공학 기술의 정수로 1981년 첫 운항을 시작해 2011년 마지막 운항 때까지 무려 135회나 우주 공간을 자유로이 날아다니며 주어진 임무를 수행했습니다. 하지만 잇따른 사고와 예산 부족으로 더는 운행되지 못하고 미국 우주 개척사의 한 페이지를 장식하게 되었습니다. 남아 있던 우주 왕복선 3

비운의 컬럼비아 선원들

대는 2011년에 폐기 처분되어 역사의 뒤안길로 사라졌습니다.

일론 머스크, 우주 정복을 위한 도전

우주 왕복선을 폐기한 뒤 미국은 유인 우주선을 한 대도 보유하지 못한 나라로 전락하고 말았습니다. 1969년 아폴로 11의 탐사 성공 이후 우주 개발을 주도해 왔던 미국이 이제는 우주 공간에 미국인 우주 비행사를 보내기 위해서는 러시아의 유인 우주선을 얻어 타야 하는 처지가 되었습니다.

챌린저 폭발 사고 이후 정부 주도의 우주 개발이 계속 뒷걸음질치는 동안에도 우주 개척에 관심이 많은 기업가가 민간 우주 업체를 만들어 새로운 도전에 나섰습니다. 그 대표 인물이 바로 일론 머스크Elon Musk 입니다.

남아프리카공화국에서 미국으로 이주한 일론 머스크는 온라인 결제 시스템을 개발해 억만장자에 오른 사람입니다. 30대 초반에 수천억 원을 가진 재력가가 된 머스크는 어릴 적 꿈인 우주 정복의 야망을 이루기 위해 2002년 5월 민간

민간 기업의 우주 개발 시대를 연 일론 머스크

세 차례 실패한 끝에 성공한 팰컨1 로켓

우주 업체인 스페이스X를 설립해 우주선 개발에 도전했습니다. 머스크가 민간 우주 업체를 설립하고 우주 정복이라는 원대한 목표를 비전으로 제시하자 주변의 많은 사람은 그를 비웃었습니다.

우주선 개발은 천문학적인 돈과 최고 수준의 기술을 필요로 하는데, 수억 달러에 불과한 머스크의 재력으로는 우주선 개발이 불가능한 상황이었습니다. 하지만 머스크는 환경에 굴하지 않고 전 재산을 털어 인간을 우주로 보낼 로켓 개발을 시작했습니다.

2006년 스페이스X는 '팰컨1Falcon 1'이라는 이름의 로켓을 완성해 하늘로 띄웠지만 얼마 뒤 로켓은 화염에 휩싸이며 폭발하고 말았습니다. 연료가 새어 나왔던 것입니다. 문제점을 보완해 두 번째 로켓을 쏘아 올렸지만 이번에도 로켓은 공중에서 산산조각 나며 실패했습니다. 곧이어 실시한 세 번째 발사도 실패로 끝났습니다. 파산 위기에 몰린 스페이스X는 네 번째 로켓 발사는 반드시 성공해야 했습니다.

2009년 8월 실시한 네 번째 발사에서 스페이스X는 멋지게 성공하며 세상을 깜짝 놀라게 했습니다. 로켓 발사에 성공하자 미국 정부는 스페이스X를 돕기 위해 일감을 몰아주었습니다. 팰컨1 로켓의 성공은 민간 우주 기업도 얼마든지 우주 개발에 도전할 수 있다는 사실을 보여 주었습니다.

화성 정복의 꿈

오래전부터 인류는 지구 이외의 행성에도 사람이 살 수 있는지에 대해 큰 관심을 가졌습니다. 과학자들이 먼저 관심을 가진 행성은 금성입니다. 금성은 크기와 질량 등 여러 가지 면에서 지구와 닮은 점이 많으나 자전 주기가 243일로 아주 느려 낮과 밤의 길이가 각각 117일 정도 됩니다. 밤 지역은 오랫동안 햇빛을 받지 못하기 때문에 낮 지역보다 온도가 매우 낮을 것으로 생각했지만 탐사선을 보내 측정해 보니 두 지역의 기온 차이는 거의 없었습니다.

과학자들의 기대와 달리 금성은 표면 온도가 470℃를 넘어 인류가 살 수 없는 곳으로 판명 났습니다. 금성은 두꺼운 이산화탄소 층으로 이루어진 대기층이 있어 이로 인한 온실 효과 때문에 생명체가 없을

인간이 살 수 없는
금성

만큼 뜨거운 행성이었습니다. 인류가 금성에서 살 수 없음을 알게 된 과학자들은 화성으로 눈을 돌렸습니다.

1971년 12월 소련은 탐사선 '마르스 3'을 인류 역사상 최초로 화성에 착륙시키는 데 성공해 아폴로 11로 당한 수모를 깨끗이 갚았습니다. 이에 자극받은 미국은 1975년 8월 화성 탐사선 '바이킹 1'을 쏘아 올려 이듬해 7월 화성에 안착시키는 데 성공했습니다. 바이킹 1에 달려 있던 카메라가 화성의 모습을 그대로 담아 지구로 보냈는데, 사진에 나타난 화성의 풍경은 생명체라고는 전혀 찾아볼 수 없는 돌로 이루어진 황량한 들판이었습니다.

게다가 대기 중 산소 함유량이 0.3%에 불과하고 평균 기온은 영하 63℃여서 고등 생명체가 존재하기에는 부적합한 환경으로 판명되었

우주 개척의
커다란 관심사
화성

습니다. 화성을 샅샅이 둘러보았지만 혹시 화성인을 만날지도 모른
다는 인류의 기대는 끝내 이루어지지 않았습니다.

화성이 생명체가 살 수 없는 불모지가 된 데는 그만한 이유가 있었
습니다. 수십억 년 전까지만 하더라도 화성은 지구처럼 온화한 기후
에다가 지표에 물이 흐르는 제법 살 만한 곳이었습니다. 그런데 어느
날 화성의 내핵이 회전을 멈추면서 기온이 내려가고 대기층이 사라
지는 심각한 문제가 발생했습니다. 지구처럼 화성도 강력한 방사선
의 일종인 태양풍의 영향을 받는데, 화성 내부의 핵이 회전하면서 자
기장을 만들어 대기층을 붙잡은 덕택에 태양풍을 차단할 수 있었습
니다.

하지만 내핵이 회전을 멈추자 자기장이 사라지면서 순식간에 대기

층이 날아가 버려 화성은 지금과 같은 사막으로 변했습니다. 그래도 화성은 다른 행성에 비해 지구인이 살기에 적합한 행성입니다. 화성의 하루는 24시간 37분으로 지구와 비슷하고 지구의 30% 정도에 해당하는 중력도 있어 인간이 활동할 수 있는 환경을 갖추었습니다. 과학자들은 화성에서 인류가 생존할 방법을 연구하기 시작했습니다. 시간이 흐르자 다양한 방법이 제시되었습니다.

테라포밍, 화성 바꾸기 프로젝트

1973년 미국의 유명한 천문학자인 칼 세이건Carl Sagan은 인류가 화성에 정착하기 위해서는 화성의 환경을 인간이 살 수 있는 지구처

사람이 살 수 있도록
환경을 바꾸는 테라포밍

럼 바꾸어야 한다고 주장했습니다. 이를 두고 테라포밍Terraforming이라고 하는데 '지구'를 뜻하는 라틴어 'Terra'와 '~화化하다'라는 뜻의 'forming'을 결합해 만든 용어입니다. 테라포밍을 하는 방법은 여러 가지가 있지만 미생물을 이용해 화성의 기온을 높이는 방법이 대표적입니다.

지구상에 존재하는 미생물 중 추위에 강한 것을 찾아내 유전자 조작을 통해 화성 극지방의 온도인 영하 130℃에서도 살아남을 수 있도록 변형시킵니다. 이후 화성 극지방에 이 미생물을 살포해 차츰 번식시키면서 지표면의 색깔을 현재의 붉은 색에서 어두운 색깔로 바꾸어 놓습니다. 지표면의 색깔이 어두워지면 이전보다 태양열을 잘 흡수해 기온이 상승하게 되어 극지방에 있는 얼음이 녹으면서 그 안에 갇혀 있던 온실가스인 이산화탄소가 대기 중으로 방출됩니다.

대기 중에 있는 이산화탄소로 온난화가 진행되면 기온이 점점 높아져 생명체가 살 수 있는 환경이 됩니다. 이때 추운 날씨에서 살 수 있는 이끼류 같은 식물을 심으면 식물이 대기 중의 이산화탄소를 탄소와 산소로 분해해 구름이 생기고 하늘이 현재의 분홍빛에서 푸른 빛으로 변해, 지구 환경과 더욱 가까워지게 됩니다. 대기 중에 산소가 늘어나면 오존층이 형성되고, 이는 인체에 해로운 자외선을 차단해 주는 역할을 합니다.

스페이스X의 창업자 일론 머스크는 미생물과 식물을 이용하는 방법은 시간이 너무 많이 걸리기 때문에 좋은 방법이 아니라고 주장합니다. 그는 테라포밍 시간을 획기적으로 절약하는 방법으로 수소 폭탄의 사용을 제안했습니다. 수소 폭탄을 화성의 극지방에 떨어뜨리면 방사능 오염 문제는 피할 수 없지만 수소 폭탄이 터지면서 발생하는 엄청난 열로 단번에 얼음을 녹일 수 있어 테라포밍 시간을 크게 줄일 수 있다고 말합니다. 그러나 많은 과학자가 머스크의 수소 폭탄 사용 주장은 지나치게 과격한 방법이라며 반대하고 있습니다.

영화 〈마션〉으로 대중의 지지를 얻은 NASA의 화성 정복 계획

2015년 10월 화성 탐사를 다룬 할리우드 영화 〈마션The Martian〉이 개봉되어 흥행 돌풍을 일으켰습니다. 영화 속 주인공 마크는 동료들과 함께 화성 표면에 성공적으로 착륙한 뒤 거주용 막사를 짓고 본격적으로 화성 탐사에 나섭니다. 하지만 화성 도착 엿새 만에 예기하지

화성 탐사를 수행하는 NASA의 화성 탐사 로봇

않은 모래 폭풍이 몰아쳐 마크가 실종되고 맙니다. 대원들은 마크가 죽은 것으로 확신하고 지구로 귀환을 선택합니다.

그러나 죽지 않고 기지로 돌아온 마크는 동료들이 탐사선을 타고 지구로 떠난 사실을 알고 구조대가 올 때까지 화성에 남아 감자 농사를 지어 먹을거리 문제를 해결하며 언젠가 살아 돌아갈 것이라는 희망을 잃지 않고 하루하루를 보냅니다. 그가 화성에서 무려 500여 일을 버틴 끝에 구조되어 지구로 돌아오는 것으로 영화는 끝이 나는데, 이 영화의 흥행을 위해 NASA가 힘을 보태 화제가 되었습니다.

NASA는 오래전부터 화성 탐사를 숙원 사업으로 정하고 예산을 확보하기 위해 노력했지만 우주 개발은 정부의 관심에서 멀어진 지 오래였습니다. NASA는 불리한 여건을 극복할 방법을 찾기 위해 고민하다가 할리우드에서 화성 탐사에 관한 영화를 만든다는 소식을 듣고 영화 〈마션〉을 NASA의 홍보 수단으로 활용하기로 했습니다. 영화 〈마션〉이 흥행에 성공하면 미국 국민이 화성 탐사에 관한 관심을 가질 것이고, NASA가 이를 이용해 화성 탐사에 관한 정부 예산을 끌어내고자 한 것입니다.

이에 화성에 관한 방대한 자료를 영화사에 제공하고 영화 촬영을 할 때 NASA의 시설물을 자유롭게 이용할 수 있는 특권을 주었습니다. 영화 속에 등장하는 신형 우주복, 화성 탐사 차량, 태양광 패널 등 갖가지 소품을 제공해 주어 영화의 현실감을 높여 주었습니다. 세계 최고 수준의 우주 연구소인 NASA가 영화 제작을 적극적으로 돕자 〈마션〉은 완성도가 높아지면서 관객의 전폭적인 사랑을 받았습

화성 탐사에 적극적이었던 버락 오바마

니다.

영화 〈마션〉이 흥행에 성공하면서 화성 탐사에 대한 미국 국민의 지지가 높아지자 NASA는 연방 정부에 예산 지원을 요청했습니다. 이를 받아들인 버락 오바마Barack Obama 대통령은 적극적인 자금 지원을 약속했습니다. 이듬해인 2016년 10월 오바마 대통령이 국민에게 2030년까지 화성에 인류를 보내기 위해 정부가 할 수 있는 모든 일을 하겠다고 선언하자 화성 탐사 프로젝트는 활기를 띠기 시작했습니다.

인간을 화성에 보내는 것은 쉬운 일이 아닙니다. 지구로부터 평균 거리가 무려 2억 2,500만km나 떨어진 화성을 왕복하기 위해서는 현재의 우주 공학 기술을 뛰어넘는 신기술이 필요하기에 막대한 연구비가 듭니다. 현재의 기술로는 화성까지 가는 데만 80~150일이 걸립니다. 우주 비행사는 출발에서 귀환까지 최소 반년 이상을 우주 공간에서 있어야 하는데 이는 건강에 치명적인 악영향을 미칠 수 있습니다.

지구에는 두꺼운 대기층이 있어 태양으로부터 날아드는 우주 방사선을 차단해 주지만 우주 공간으로 나갈 경우 우주 방사선에 그대로 노출될 수밖에 없습니다. 그렇지만 현재로서는 우주선에 쏟아지는 우주 방사선을 완전히 차단할 방법이 없습니다. 우주 방사선에 일정 기간 이상 노출될 경우 암, 백내장, 불임, 기억력 감퇴, 우울증, 결정 장애, 행동 둔화 등 중추 신경계와 인지 기능에 심각한 문제가 발생합니다.

오랜 기간 밀폐된 공간에서 생활하면 폐쇄 공포증 등 여러 가지 정신 질환에 걸릴 수도 있는데 이 경우 우주 비행사 간에 예기치 못한 폭력이 발생할 수도 있습니다. 지금까지 단기간의 우주 여행을 다녀온 우주 비행사도 뼈, 근육, 시력 등이 약해지는 부작용을 호소하고 있는 상황에 비추어 볼 때 화성 탐사를 위한 장기간의 우주 여행이 일으킬 부작용이 적지 않다는 것이 우주 전문가의 공통된 의견입니다.

운 좋게 장기간에 걸친 우주 비행 끝에 화성에 도달하더라도 더 큰 문제가 기다리고 있습니다. 화성에 장기간 체류하려면 적지 않은 양의 식량이 필요하지만 화성에 먹을거리라고는 전혀 없습니다. 우주인들이 막사를 짓고 작물을 재배하더라도 화성의 토양에는 산화 철이나 카드뮴 같은 사람의 건강을 해치는 중금속이 다량으로 포함되어 있어 중금속 중독에 걸릴 위험이 큽니다. 화성에 정착지를 만드는 일은 우주 공학, 에너지, 의학, 농업 등 다양한 분야에서 혁신적인 과학 발전이 이루어져야만 가능합니다.

인간을 화성으로! 오리온 프로젝트

오바마 대통령은 화성 정복을 위해 '오리온 프로젝트'를 추진하며 화성에 인간을 보내는 일에 앞장섰습니다. 화성에 사람을 보내는 일은 달에 보내는 것과 비교할 수 없을 정도로 거대한 프로젝트이기 때문에 NASA는 서두르지 않고 차근차근 준비하고 있습니다.

그동안 과학 기술이 발달해서 아폴로 11을 제작할 때보다 훨씬 뛰어난 성능을 지닌 우주선을 만들 수 있게 되었습니다. 이를테면 아폴로 11 때까지만 하더라도 조종석에 2,000개가 넘을 정도로 많은 스위치가 있었지만 신형 우주선은 대형 터치스크린 하나면 모든 것이 조작 가능합니다.

NASA는 화성까지 빠르고 안전하게 도달하기 위한 여러 요소를 연구하고 있습니다. 우주 비행시간을 줄일 강력한 신형 엔진, 우주 방사선 차단 장치, 부피를 대폭 줄인 새로운 우주 식량 등이 대표적인 연구 대상입니다. 또한, 챌린저 폭발 사고 같은 비극을 다시 겪지 않기 위해 새로 설계하는 화성 탐사선에는 비상 탈출 기능을 넣기로 했습니다. 우주선이 폭발할 경우 승무원을 태운 모듈이 1,000분의 1초 만에 우주선에서 분리되어 지상으로 안전하게 착륙할 수 있습니다.

NASA는 아폴로 프로젝트 때와는 달리 오리온 프로젝트를 추진하면서 민간 우주 기업의 참여를 허용했습니다. 우주 개발에 관심이 있는 모든 사람이 힘을 합치면 NASA 혼자서 모든 일을 감당하는 것보다 좀 더 수월하게 일을 추진할 수 있으리라는 기대 때문입니다. NASA는 화성 탐사에 참여하려는 민간 기업에 적극 기술 이전을 해주었는데, 이는 NASA가 우주 기술 독점 시대를 포기하는 것을 의미합니다.

2016년 스페이스X의 일론 머스크는 언론과 한 인터뷰에서 늦어도 10년 안에 화성에 사람을 보내겠다고 호언장담했습니다. 머스크는 2022년쯤 스페이스X가 제작한 첨단 우주선에 자원자를 태워 화성 여행이 가능하게 하겠다고 발표했습니다. 다만 처음 발사되는 우주선은 사고의 위험도가 매우 높아 죽을 준비가 된 사람만 화성행 우주선에 태우겠다고 했습니다. NASA가 화성에 유인 우주선을 착륙시키겠다고 말한 시점이 2030년인데, 머스크는 이보다 8년 앞선 2022년부터 화성으로 떠나는 여행을 실현하겠다고 선언하며 NASA와 선의의 경쟁을

화성의 식민지화를 꿈꾸는 스페이스X

벌이고 있습니다. 머스크는 1차 선발대에 이어 계속 화성으로 지구인을 보내 가까운 미래에 화성을 인류 수십만 명이 사는 자급자족 행성으로 만들 계획입니다.

이 같은 머스크의 주장을 허황한 생각이라고 말하는 사람도 적지 않지만, 모두가 불가능하다고 말하는 일에 도전해 큰 성공을 이뤄 낸 머스크의 말을 믿는 사람도 많습니다. NASA 역시 스페이스X를 동업자로 생각해 화성 정복에 필요한 정보와 기술을 제공하며 든든한 후원자 역할을 하고 있습니다.

우주 강대국의 자리를 넘보는 중국의 우주 굴기

1957년 10월 소련이 세계 최초로 인공위성 스푸트니크를 쏘아 올렸을 때 중국은 미국만큼 큰 충격을 받았습니다. 소련과 긴 국경을 맞대고 있던 중국은 소련이 우주를 장악하는 일을 두고만 볼 수 없었습니다.

중국 지도자 마오쩌둥毛澤東은 평소 중국인이 지구상에서 가장 우수한 민족이라는 민족주의 사상을 가진 인물이었습니다. 역사적으로 볼 때 화약, 종이, 나침반 등 오늘날까지 인류 문명에 중요한 역할을 하는 수많은 발명품을 중국인이 개발했지만, 18세기 후반 유럽에서 시작된 산업화의 물결에 제대로 편승하지 못해 중국이 오랜 기간 침체기를 겪었다고 마오쩌둥은 생각했습니다. 중국의 자체 기술력으로 우주선을 쏘아 올린다면 패배감에 사로잡혀 있던 중국인에게 자신감

중국의 우주 개발을 추진한 마오쩌둥

중국 로켓의 아버지 첸쉐썬

을 심어줄 수 있다고 판단한 마오쩌둥은 우주 개발에 나섰지만 현실은 생각과 달랐습니다.

1950년대 중국의 과학 기술은 소련이나 미국과는 비교할 수 없을 정도로 낙후되어 독자적으로 우주선을 만드는 일은 불가능에 가까웠습니다. 소련은 같은 공산주의 국가였지만 우주선을 만드는 첨단 기술을 중국과 공유할 생각이 없었습니다.

중국이 기술을 확보하지 못해 우주 개발에 어려움을 겪고 있을 때 돌파구를 열어 준 사람이 바로 '중국 로켓의 아버지'라 불리는 첸쉐썬錢學森입니다. 1930년대 중국인 첸은 미국 정부의 학비 지원으로 명문 MIT를 거쳐 캘리포니아 공과 대학에서 공학 박사 학위를 취득하고 로켓 전문가가 되었습니다. 그는 미국 정부가 설립한 국방과학기술자문위원회에서 로켓 부문 최고 책임자 자리에 오를 만큼 미국의 전폭적인 신뢰를 받았지만 중국에 사회주의 정권이 들어서자 미국 생활을 정리하고 본국으로 돌아갔습니다.

첸 박사는 귀국하면서 미국의 우주 공학에 관한 기술을 모조리 가지고 갔습니다. 그는 미국에서 쌓은 경험과 지식을 바탕으로 로켓과 인공위성 개발을 진두지휘했습니다. 우주 개발의 불모지나 다름없던 중국은 첸 박사 때문에 단기간에 미국의 우주 공학 기술을 습득했습니다.

마침내 중국은 1970년 4월에 자체 기술로 개발한 최초의 인공위성 둥팡훙東方紅 1호를 우주 공간에 쏘아 올리는 데 성공했습니다. 이로써 중국은 세계에서 5번째 인공위성 발사 국가로 발돋움하며 미국과 소련에 도전장을 내밀 수 있게 되었습니다. 1990년대 중국 경제가 비약적인 성장을 거듭하자 우주 개발에 투자할 여력이 늘어나면서 이전보다 훨씬 빠른 속도로 우주 공학 기술이 발전했습니다.

중국 정부가 추진하는 우주 정거장 톈궁

중국은 1992년 유인 우주선 발사 계획을 수립해 2003년 중국 최초의 유인 우주선 '선저우 5호' 발사에 성공했습니다. 이를 계기로 중국은 우주 공학 분야에서 미국, 러시아에 이어 세계 3위 국가로 우뚝 서게 되었습니다. 이에 자신감을 얻은 중국은 가까운 미래에 미국과 러시아를 제치고 세계 최강 우주 개발 국가로 거듭난다는 목표를 세워 이전보다 더욱 많은 돈과 인력을 투자하고 있습니다.

2013년 12월 중국은 달 탐사 위성 '창어 3호'를 성공적으로 발사해 세계에서 세 번째로 달에 착륙선을 안착시켰습니다. 중국의 도전은 이것으로 끝나지 않습니다. 중국 정부는 2021년 공산당 탄생 100주년을 기념해 화성에 무인 탐사선을 착륙시킬 예정입니다. 또한 2022년까지 독자적인 우주 정거장 톈궁_{天宮}을 만들어 우주 진출의 거점으로 삼는다는 야심 찬 계획을 실행에 옮기고 있습니다.

1993년 미국은 유럽, 일본, 캐나다 등 15개국과 함께 우주 공간에 국제 우주 정거장_{ISS}을 만들었습니다. 원래는 미국 단독으로 우주 정거장을 만들려고 했지만 1,000억 달러 넘게 드는 비용을 감당할 수 없어서 여러 나라를 끌어들여 국제 우주 정거장의 형태로 운영하게 되었습니다.

2024년 국제 우주 정거장의 수명이 다하면 미국은 우주 거점을 잃게 되지만 미국 정부는 금전적 이유로 새로운 우주 정거장 건설을 포기했습니다. 따라서 2022년 중국이 우주 정거장 톈궁을 완성할 경우 중국은 2024년부터 지구상에서 유일하게 우주 정거장을 보유한 나

폐기를 앞둔 국제 우주 정거장

라가 됩니다.

　이와 같이 중국이 미국을 제치고 세계 최고 우주 강국이 되려는 시도를 두고 중국인들은 '우주 굴기'라고 부릅니다. 중국 정부는 우주 굴기를 통해 중국이 미국과 대등한 수준을 갖춘 과학 기술 대국이라는 사실을 보여 주기 위해 해마다 엄청난 예산과 시간을 들이고 있습니다.

미국 우주 산업의 미래

　1950년대 미국이 소련과 불꽃 튀는 우주 개발 경쟁을 벌이면서 이전에는 존재하지 않던 신기술이 쏟아져 나왔습니다. 1960년대 미국

기술 혁신을 이끈 우주 개발 사업

정부는 소련이 인공위성 스푸트니크를 우주로 쏘아 올린 강력한 R-7 로켓에 핵무기를 탑재해 공격해 올 것에 대비해 알파넷ARPANET을 개발했습니다.

알파넷은 컴퓨터를 상호 연결해 소련의 공격으로 통신 시설의 일부가 파괴되더라도 남아 있는 컴퓨터끼리 정보를 주고받을 수 있도록 하는 시스템으로 인터넷의 출발점이 되었습니다. 이 밖에도 지구 밖에서 우주인이 생활할 수 있도록 냉동 건조 식품, 정수기, 전자레인지 같은 물건이 개발되었습니다. 이 중 정수기는 우주선의 공간이 좁아 우주인이 마실 수 있는 물을 충분히 확보할 수 없게 되자 소변을 정화해 마실 수 있도록 하려는 목적으로 개발되었습니다.

또한 달이나 화성에 착륙한 무인 차를 움직이기 위해 자율 주행 시

나사로부터 기술을 전수받은
스페이스X

스템을 개발했으며 우주선의 효율적이고 안전한 운행을 위해 인공
지능을 발전시켰습니다. 이와 같이 NASA에서 근무하는 수많은 연
구원은 우주 개척을 위해 기존에 없던 다양한 것을 만들어 냈습니다.
이는 민간 기업에 전수되어 새로운 상품으로 소비자의 손에 들어오
게 되었습니다.

　미국 정부는 NASA 설립 때부터 우주 개발을 위해 개발한 신기술
중 민간 기업의 경쟁력 향상에 도움이 되는 것을 적극적으로 전수해
주었습니다. 특히 2009년 대통령 임기를 시작한 버락 오바마 대통령
은 기존 정부 중심의 우주 개발 정책을 수정해 NASA와 민간 기업이

조화와 협력을 이루면서 발전하는 새로운 방향을 제시하며 우주 산업 활성화에 큰 공헌을 했습니다. NASA의 적극적인 기술 이전으로 우주 개발의 문턱이 크게 낮아지자 스페이스X를 비롯해 미국 전역에 우주 관련 기업이 무려 1,000여 개나 생겨나며 우주 산업은 크게 활성화되고 있습니다.

우주 개발에 막대한 투자를 하는 제프 베조스

인터넷 쇼핑몰 아마존의 설립자 제프 베조스는 민간 우주 기업 블루오리진Blue Origin을 만들어 우주 여행 시대를 앞당기고 있습니다.

블루오리진은 일반 승객을 대상으로 한 상업적인 우주 관광 사업을 시작한다는 목표로 우주선을 개발하고 있는데, 스페이스X보다 더 좋은 성능의 로켓을 개발하기 위해 치열한 경쟁을 벌이고 있습니다. 블루오리진과 스페이스X는 로켓도 비행기처럼 재사용이 가능하도록 하는 기술을 개발해 세상을 깜짝 놀라게 했습니다.

그동안 지상에서 발사된 로켓은 탑재물을 우주 궤도에 올려 보낸 뒤 지상으로 추락해 더는 사용할 수 없었습니다. 가격이 비싼 로켓이 일회용으로 사용되는 것이 심각한 자원 낭비라고 생각한 머스크와 베조스는 로켓 재활용 기술 개발에 매진했습니다.

로켓 재활용 기술을 선보인 블루오리진(위)과 스페이스X(아래)

2015년 두 기업 모두 우주 궤도에서 대기권에 재진입한 로켓을 선채로 착륙하는 기술을 개발하는 데 성공함으로써 발사 비용을 기존의 10분의 1로 낮출 수 있었습니다. 이 신기술은 이들 기업에 우주 기술을 전수해 준 NASA도 갖지 못한 첨단 기술로서 사업가 출신인 두 사람의 필사적인 비용 절감 노력의 산물입니다.

민간 우주 기업이 우주 산업에 진출하며 발사 비용을 대폭 낮추자 이전보다 많은 기업이 저렴한 가격에 인공위성을 활용하게 되었습니다. 세계적인 인터넷 기업 구글과 페이스북도 우주 산업에 뛰어들었는데, 이들 기업은 우주 공간에 무선 인터넷 중계기를 띄워 인터넷을 사용하지 못하는 곳을 없애려고 합니다. 목표가 달성될 경우 아프리카, 남아메리카, 아시아 등 유선 인터넷망이 제대로 설치되지 않아 그동안 인터넷을 이용할 수 없었던 40억 명이 구글과 페이스북의 새로운 고객이 될 수 있습니다. 인터넷 기업은 접속자가 늘어날수록 다른 기업에게서 많은 광고료를 받을 수 있기 때문에 전 세계를 아우르는 무선 인터넷망을 구축하는 데 기꺼이 돈을 투자하고 있습니다.

오늘날 미국의 민간 우주 기업은 세계 우주 산업에서 3분의 1 이상 시장 점유율을 차지합니다. 1950년대 정부 주도로 출발한 미국의 우주 산업은 2000년대 들어 민간이 주도하는 새로운 형태로 진화했습니다. 민간 우주 기업은 효율성과 합리성을 무기로 강력한 시장 지배력을 행사하고 있습니다.

동물의 희생으로 이루어진
우주 개척

우주 비행을 최초로 한 생명체는 우주개 라이카_{Laika}였다. 소련은 공산주의 혁명 40주년을 기념하기 위해 1957년 11월 스푸트니크 2를 발사하면서 그 안에 모스크바의 거리를 헤매던 떠돌이 개 라이카를 태웠다. 개를 우주선에 실은 이유는 우주 공간의 무중력 상태가 생명체에 미치는 영향을 알아보기 위해서였다. 소련은 스푸트니크 2 발사 전 라이카의 목소리를 녹음해 라디오를 통해 소련 전역에 방송하며 분위기를 띄웠다.

라이카는 우주선에 꽁꽁 묶인 채로 우주로 발사되어 대기권을 벗어나

스푸트니크 2에 태워진 우주개
라이카

는 데 성공했다. 우주에 도달한 라이카는 지구 생명체 중 처음으로 우주 선 안에서 푸른빛의 아름다운 지구를 볼 수 있었지만 그 시간은 길지 않 았다. 스푸트니크 2의 엄청난 속도로 스트레스를 극도로 받은 라이카는 심장 박동이 3배 이상 빨라졌고 산소 부족으로 몇 시간 만에 목숨을 잃 었다.

이후 스푸트니크 2는 라이카의 관으로 변해 우주를 떠돌다 지구를 떠 난 지 5개월 만인 1958년 4월 카리브해 상공에서 폭발해 흔적도 없이 사 라지고 말았다. 라이카는 고통을 받다가 처참한 죽음을 맞이했지만 소련 은 라이카가 1주일 동안 건강하게 살다가 미리 준비한 장치로 독극물이 주입되어 고통 없이 생을 마감했다는 거짓 발표를 했다. 1950~1960년대 소련은 개 50여 마리를 우주에 쏘아 올렸는데 이 중에서 살아 돌아온 개 는 일부에 지나지 않았다.

미국은 원숭이나 침팬지 등 인간과 신체 구조가 비슷한 영장류를 우주 로 보내 실험 대상으로 삼았다. 이 동물들은 우주 개발이라는 대의명분 을 위해 인간을 대신해 죽어 갔다. 각국의 동물 보호 주의자들이 우주 동 물 실험은 동물 학대에 불과하다는 주장을 펼치며 끊임없이 반대 시위를 했지만 이들의 말을 귀담아듣는 정부는 없었다. 오늘날 전 세계의 많은 동물 보호 단체가 '라이카'를 마스코트로 사용하는 것은 결코 우연이 아 니다.

공포의 우주 쓰레기

우주 개발의 역사는 곧 우주 쓰레기 배출의 역사이기도 하다. 세계 각 국이 쏘아 올린 수많은 인공위성 중 더는 사용하지 못하게 된 것들이 우 주 쓰레기로 돌변했다. 이들 중 대부분은 지구로 추락하지만 일부는 오랜 기간 우주에 남아 심각한 문제를 일으키고 있다. 현재 우주를 맴돌고 있는 우주 쓰레기의 총 중량은 수천 톤 이상으로 지구 궤도를 돌고 있는 정상적인 인공위성이나 국제 우주 정거장에 큰 위협이 되고 있다. 인공위성에 치명적인 손상을 줄 수 있는 지름 10cm 이상인 우주 쓰레기만 하더라도 수만 개에 이르며 지름 1cm 이하인 작은 쓰레기는 수백만 개에 달할 것으로 추정하고 있다.

우주가 쓰레기장으로 변한 이유는 우주 강국의 이기심 때문이다. 이를테면 2007년 중국은 미사일 성능을 테스트하기 위해 고장 난 기상 위성을 파괴하는 실험을 했다. 우주 공간에서 인공위성을 파괴할 경우 수많은 파편이 우주 공간으로 흩어져 지구 주위를 맴도는 우주 쓰레기가 되기 때문에 미국은 중국의 미사일 실험을 강력히 반대했다. 하지만 중국은 미국의 경고를 귀담아듣지 않고 미사일 실험을 강행해 엄청난 우주 쓰레기

우주 쓰레기 때문에 생명의 위협을 받는 우주인들

를 만들었다. 2013년 1월 러시아의 과학 실험용 인공위성이 파괴된 중국 기상 위성의 파편에 부딪혀 크게 파손되는 사고가 발생하며 미국의 우려가 옳았음이 증명되었다.

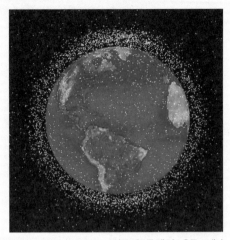
지구 궤도를 맴도는 우주 쓰레기

1978년 NASA 소속의 과학자 도널드 케슬러는 논문에서 '우주 개발이 진

행될수록 지구 궤도를 맴도는 인공위성의 수는 늘어나고 이에 비례해 우주 쓰레기도 늘어나게 되는데, 일정 한도를 넘으면 우주 쓰레기로 인해 정상적인 인공위성마저 제대로 운용할 수 없을 것이다.'라고 주장했다. 다시 말해 우주 쓰레기가 너무 많아지면 지구 궤도를 도는 인공위성과 충돌할 수밖에 없으며 충돌로 고장 난 인공위성 역시 우주 쓰레기로 변해 다른 인공위성의 안전을 위협하게 된다. 이 같은 일이 반복되면 지구 궤도는 우주 쓰레기로 넘쳐나 어떤 나라의 인공위성도 안전을 담보할 수 없는 상태로 전락하고 만다는 것이 케슬러의 주장이다.

지상에서 바라본 하늘은 무한히 넓을 것 같지만 지구 주위의 하늘은 생각보다 훨씬 좁다. 우주를 이용하고 있는 각국이 힘을 합쳐 우주를 관리하지 않는다면 우주는 아무도 사용할 수 없는 쓰레기장으로 변할 수밖에 없다.

세계통찰 미국 ⑪

세계의 중심이 된 미국 5

미국의 산업
세계 경제를 주무르는 원동력은 어디에서 오는가

2021년 1월 1일 1판 1쇄 발행

지은이	한솔교육연구모임
펴낸이	권미화
편집	한솔교육연구모임
디자인	김규림
마케팅	조민호
펴낸곳	솔과나무
출판등록	2018년 12월 20일 제2018
주소	서울시 마포구 독막로 266, 111-901
팩스	02-6442-8473
블로그	http://blog.naver.com/solandnamu
트위터	@solandnamu
메일	hsol0109@gmail.com

ISBN   979-11-90953-09-2 44300

979-11-967534-0-5 (세트)